博瑞森图书
BRAGE

企业阅读 本土实践

公司大了怎么管

从靠英雄到靠组织

金国华◎著

中华工商联合出版社

图书在版编目（CIP）数据

公司大了怎么管：从靠英雄到靠组织/金国华著．—北京：中华工商联合出版社，2014.12

ISBN 978-7-5158-1195-6

Ⅰ．①公… Ⅱ．①金… Ⅲ．①企业管理－组织管理学 Ⅳ．①F272.9

中国版本图书馆 CIP 数据核字（2014）第 291928 号

公司大了怎么管：从靠英雄到靠组织

作　　者：金国华
责任编辑：于建廷　臧赞杰
责任审读：郭敬梅
封面设计：久品轩设计
责任印制：迈致红
出版发行：中华工商联合出版社有限责任公司
印　　刷：三河市文阁印刷有限公司
版　　次：2015 年 3 月第 1 版
印　　次：2015 年 3 月第 1 次印刷
开　　本：787mm × 1092mm　1/16
字　　数：200 千字
印　　张：15
书　　号：ISBN 978-7-5158-1195-6
定　　价：58.00 元

服务热线：010－58301130
团购热线：010－58302813
地址邮编：北京市西城区西环广场 A 座
19－20 层，100044
http：//www.chgslcbs.cn
E-mail：cicap1202@sina.com（营销中心）
E-mail：gslzbs@sina.com（总编室）

博瑞森图书：企业阅读　本土实践

亲爱的读者朋友：

也许您是博瑞森图书的老读者，也许是新朋友，欢迎您阅读博瑞森图书！

当今中国，各行各业都存在着转型升级的压力与机遇。博瑞森图书与您一同应对转型挑战并发现其带来的机遇。

我们一直在问：什么样的书能为您解决管理难题并带来启发？

我们一直在找：哪些作品能帮助企业从跟随到领先？

我们一直在做：把最好的作品以最便捷的方式呈现给您，纸质版、电子版、书摘邮件、微信……

我们策划图书的原则是：

- 企业阅读——与您一样，做水中的游泳者，而非岸上的观众或教练，企业的困惑就是我们的任务。
- 本土实践——与您一样，立足本土环境，追求卓越实践，传播最适合当下中国企业的管理之道。

我们也向所有的企业管理者、管理咨询专家和企业研究者征稿，让更多被实践检验的好思想、好方法迸发出来，为企业助力！（bookgood@126.com 或 QQ：1963328416 或手机号 13611149991，绝非“自费出书”，不向作者收取任何费用）

如果有一天，您把博瑞森图书视为您优秀的事业伙伴、管理助手，我们也就实现了自己的梦想。

博瑞森图书

什么是好书？有人说：“翻开其中一页，有一段话有价值，学会了以后去实践，就值得购买。”是啊，收藏一本好书只需要一个理由。但是，我能列举出推荐金国华先生这本书的3个理由。

1. 这是一本实战案例

枯燥的管理概念已经很多了，表格化的管理工具虽有实用之处，但都抽离了“一个真正的场景”。此书以再起飞公司为例，谈老板的困惑、经理的难处、员工的苦恼，并在金国华先生和AMT咨询的顾问们为数百家成长型企业提供“如何可持续增长”咨询的实例基础上归纳、提炼，展现出一个个场景、刻画出一个个人物、揭示出一个个问题，给出解决问题的办法。

2. 这是 AMT 咨询已经出版书籍的姊妹篇

AMT 咨询已经出版了《突破成长的困境》，对什么是成长型企业、成长型企业的五大困惑——战略怎么明晰、机制怎么优化、管理怎么提升、IT 怎么支撑、业务怎么突破，进行了系统的阐述，但缺少一个贯穿始终的实战案例。本书和《突破成长的困境》一书构成姊妹篇，理论方法和实例相呼应，两本书的阅读顺序没有要求，从理论入手比较清晰、从实例切入更加真实。金国华先生也出版了《跟我们做流程管理》、《图说流程管理》两本书，这两本书把流程管理的方法和企业问题结合在一起。企业面临的问题是系统的，需要同时应用流程管理及其他管理方法，而本书提供了这些方法。因此，本书和金国华先生的其他书相映成趣，代表了从问题实例入手和从管理方法入手的不同视角。

3. 最重要的理由：为企业增加利润，为可持续的利润提供直接动力

近来，有些企业家和经理人过于关注管理名词，觉得这个很好、那个也不错，其实，这些管理名词都是方法和手段。目的是什么？是企业的经营结果、是财务报表上的数字。本书强调“不要为了管理而管理”、“不要为成长型企业套上全球 500 强企业的不合适的衣服”，从成长型企业的实际情况出发，强调快速实用、落地见效、业务突破、获得可持续增长与利润。

果真如此吗？AMT 咨询和多家成长型企业合作，帮助某食品连锁企业从销售额不到7亿元增长到30多亿元；帮助某日化企业节省营销费用3400万元；帮助某医疗器械企业在香港上市前后不断实现增长……没错，它们是各自行业的“再起飞公司”，相信您和您的企业也处于“再起飞”的关键时刻。

AMT 咨询共同创始人　王玉荣

2014 年 3 月

推荐序2

国华和我有三年一起并肩作战的经历。当时，我们服务的公司正处在快速成长期向夯实期转变的阶段，后台运营强调精细化管理，同时又要提升效率，我们一起牵头推动公司整个运营管理体系的建立和完善。

那时，他在运营管理方面就有独到的见解，以及超强的领悟力和执行力，特别是他的办公桌上永远都堆满了书籍，他对读书的痴迷和热爱让我记忆深刻。

加入 AMT 咨询后，他有了更广阔的施展空间。他的前两本著作——《跟我们做流程管理》、《图说流程管理》，充分体现了他丰富的实战经验和对流程管理理论的精确提炼能力。

现在，我又欣喜地看到国华的第三本著作——《公司大了怎么管：从靠英雄到靠组织》一书的出版。

拿到书稿，我一口气读完。本书通过一个企业的实际案例，告诉大家应该如何解决成长型企业的烦恼。通过解决问题，战略目标、年度经营计划和预算、季度/月度工作计划、绩效管理等一环紧扣一环，将方法论贯穿整个案例。同时，我也佩服他能用讲故事的方式，将枯燥的理论与实践有机融合生动地展示给读者，因为这样很容易使读者产生共鸣。

此书可以说是他多年的企业实践和管理咨询观察与思考之沉淀、结晶，对于那些希望企业运营管理更加规范和有效的快速成长型企业的经营者来说，这绝对是一本值得深读的好书。

成长型企业持续发展会遇到哪些问题？如何突破发展的瓶颈，从机会型成长转变为有策略、有计划的持续性成长？如何让高高在上的战略规划与部门的工作计划有机结合，让企业上下的目标达成一致？如何发挥绩效管理对实现工作目标的促进作用？相信大家在本书中都能找到解决这些疑惑和问题的方法，得到启示和帮助。

佳杰科技（中国）财务总监　冯缨

2014 年 3 月

企业的青春期

企业问题可以分为个性问题和共性问题两类，共性问题往往与企业的发展阶段有关。

企业组织像人，是有生命的，要经历逐步成长、逐渐演变的过程。在企业创立初期，企业的重点是生存，或者说在确保生存的基础上稳定发展。企业只能在夹缝中生存，随时都有可能因为竞争对手的强力打压、没有足够的优质客户、资金断裂等而倒闭。同时，企业的资源有限，所以，企业在这个发展阶段表现出来的特性非常明显：基本上是一个全能型老板带领一帮兄弟打天下，老板从营销、产品、生产到客户服务几乎无所不能，团队士气高涨，大家有舍身忘我的奉献精神，更像是一个特种兵团队。

随着业务量的提升，客户群不断扩大，企业有了稳定的资金流，这时，企业发展开始转向另一个重点，即力求第二次飞跃发展。

这个时期的企业面临很多共性问题，比如，老板的战略目标如何被充分解读，并层层分解被各部门有效执行？如何提高组织协同？如何通过企业文化凝聚团队，确保奉献精神的延续及组织活力？老板如何把精力更多地用于关注外部而不是天天被大量琐碎的操作性事务羁绊？总之，要真正建立和提升组织能力。

我不妨列举一些这个发展阶段的企业老板们常有的困惑

“公司从创立开始一直发展得非常快，但这两年增速明显下滑，企业遇到了发展瓶颈，现在该怎么办？”

“为什么什么事都需要我亲力亲为，什么事都等我做决策？”

“天天都需要我签那么多文件，下面的人在干什么？”

“这几年，我有点力不从心了。”

“我也想天天打高尔夫球，但很多事脱不开身啊。”

“为什么下面的人总是执行不到位？”

“我也想放权，但又不放心，担心会乱。”

“为什么部门协同那么难？为什么大家天天扯皮就是不能达成共识？”

“这几年，公司人才流失严重，即使引进人才，不是‘废掉’就是流失，这是为什么？”

“为什么员工没有系统思考能力，总是丢三落四？”

“为什么大家没有了创业期的激情？”

“我对下属也不错，薪资待遇在同行业也不低，为什么大家还不满足?”

“干部只能上不能下怎么办?”

……

我不妨也列举一些这个发展阶段的企业员工常有的困惑

“老板直接给我们定目标，为什么定这个目标、这个目标能不能达成、怎么达成，只有老板清楚，内部没经过充分讨论，部门领导都不清楚，更别提我们了。”

“说白了，我们公司得病了。头脑很清醒，但四肢发抖，不听使唤。”

“公司授权不足，什么事都需要领导审批，完全没必要。”

“公司内部很多工作没流程，或者‘一事一表’，效率低，而且部门间扯皮现象严重，部门本位主义思想严重。”

“现在公司存在什么问题，大家都清楚，但就是解决不了，只有老板才能推动，但他能推动多少?所以，问题一直存在。”

“大家干好干坏一个样，甚至干与不干也一个样，根本就留不住人才。”

“提拔没标准，基本上是领导喜欢谁就提拔谁，根本不以能力为导向。”

……

企业发展到这个阶段出现这些问题很正常，关键是如何应对这些问题并顺利度过这个重要的转折点。

有一次，和某成长型企业董事长交流该企业面临的问题，他说了一句令我至今仍记忆犹新的话："看来，这是我们这些企业青春期的烦恼啊!""企业青春期的烦恼"非常形象和准确地表达了这类企业面临的挑战的特点，必然且有共性。

我喜欢琢磨问题背后的东西，越是发掘问题出现的本质原因，越能对症下药，而且可以从容应对，从根上解决问题，否则无法做到"一劳永逸"。基于这个理念，本书首先尝试探究成长型企业为何会产生这些共性问题，明白了这个道理，解决问题就相对容易了。

本书写给

如果你的企业或者你所在的企业也有类似的困惑，本书正是为你所写。本书主要写给转型期的快速成长型企业老板或职业经理人团队。

我在本书中塑造了一家典型的面临转型的快速成长型企业——再起飞公司，希望通过"观摩"这家公司如何解决"青春期烦恼"的过程使读者受到启发。

本书的定位绝非工具书，核心价值侧重于"解惑"和"明道"，帮助快速成长型企业领导及管理团队更深入地理解快速成长型企业的特点是什么、这类企业会面临哪些共性问题、这些共性问题产生的根本原因是什么、企业解决这些问题的整体解决思路（而非具体方法）是什么、企业如何成功实施管理变革等问题，并通过对这些问题的探讨找到解决方案。

金国华

2014 年 8 月 5 日

目录

第一章
成长型企业的烦恼

❶ 企业家的烦心事

一家名叫再起飞的公司面临一系列的管理问题，董事长邀请我去做一次交流，我决定前往拜访一下。

第一次进入再起飞公司，最直观的感受就是再起飞公司很重视企业文化建设，办公区域的墙面上贴满了各类宣传海报。看到楼梯口有报刊架，我随手拿起最近几期的企业内刊，大致翻了一下，还不错，图文并茂，做得非常专业。不过，我发现再起飞公司的办公室以独立、封闭式的办公室居多。直觉告诉我，这可不是一个好兆头，也许这家公司的干部比较多，而且有等级观念。

接待人员告诉我："董事长还在开会，您先在接待室休息一下。"我已经司空见惯，特别是民营企业的老板，每天的日程表被各类突发事件塞满是很常见的事情。

在接待室里，正好可以看到董事长的办公室不时有员工进出。常见此景，非常感慨，企业家开创一番事业，光鲜的背后也真是不容易，中国经济需要这些企业家的贡献。

最后，在预约时间超过半个小时后，接待人员把我领进董事长的办公室。

初次见面，董事长是一位非常有激情，而且很和善的民营企业家。他对我的到来表示欢迎，我也非常感谢他的信任和邀请。

董事长首先向我简单地介绍了公司的基本情况："我们公司是一家制造型企业，主要生产电子产品。公司成立至今刚好10周年，公司发展一直比较快，每年的增幅都在30%以上，有时候甚至能翻倍增长，而且公司也有上市计划。"

这是好消息，很明显，这是一家快速成长型企业。我说："真是不错，这个行业竞争激烈，能在夹缝中高速成长真是不容易。您总结一下，从创业到现在，成功的关键点有哪些？"

他想了想，说："一是当时抓住了行业发展的时机，所谓水涨船高；二是战略定位清晰、专注行业细分领域，并在细分领域取得领先地位；三是创新能力强，比如，研发过几款在细分领域具有里程碑意义的产品；四是创业团队能力强，而且有激情，契合度也高。"

"企业发展得不错啊！"我问，"现在遇到了什么问题？"

董事长说："这两年，国内外环境都发生了很大变化，整个行业发展速度放缓，粗放式增长的阶段已经过去了，开始进入品牌整合洗牌期，这是压力但也是机遇。总体来讲，发展空间非常大。现在，公司发展开始减速，利润下降很快，内部管理无法支持目前的发展模式和发展速度。所以，下一步，我想挖掘潜力，夯实基础，建立一套科学的管理机制。"

我问："目前公司有没有做一些管理变革？"

董事长说："有啊，这几年我们也一直在做尝试，但效果不是很理想。比如，我们去年开始推行精细化管理，要求各部门从降低成本费用和增效两个方面开展工作，但最后也没效果，没有根本的改变。”

“为什么没效果?”我很奇怪。

董事长也一脸困惑：“我也不知道，可能是各部门不够重视吧，也可能是缺少科学的方法。”

我接着问：“公司有没给出明确的要求，比如，费用要降低多少?”

董事长笑了笑，说：“这倒没有。”

董事长点上一支烟，接着说：“另外，以前公司小的时候，大家配合顺畅。现在，部门之间不是想着如何配合把事情做好，而是相互推卸责任。干部队伍壮大后，也没有最初创业时的激情，都不敢做事、怕做事，怕承担责任，大事小事，都想等我决策。很多工作布置下去了，但执行情况很差。”

“是，随着企业规模的不断扩大，组织职能越来越细分，层级也越来越多，协同就会成为公司运营的瓶颈。”我说。

董事长站起来，拿了一份企业的组织架构图给我看，说：“这是我们公司的组织架构图，比如，研发中心相对比较封闭，但研发应该和市场紧密结合才行。”

我说：“企业发展到这个阶段，单纯的职能设置的确很难满足协同需要。企业需要更多的矩阵组织或者项目机制解决协同的问题。新产品研发工作，不仅是研发部门的事情，更是整个公司的事情，需要营销、研发、财务、生产、质量多个部门围绕统一的目标面向市场，准确、快速完成研发并成功地将产品推向市场。”然后，我就新产品研发工作向董事长大致讲了一些矩阵组织和项目运作机制的必要性，并强调了组织、会议、绩效、结构化的任务，流程在协同机制中的重要性。

董事长若有所思，说："你刚才说得非常对，这也是我近一年一直在思考和计划推行的事情。企业需要更多的矩阵解决协同的问题，而且只有营销部门、研发部门、财务部门围绕统一的目标才能实现高效协同。说到这里，我们现在的绩效考核方面就存在你刚才提到的问题，各自考核的内容根本就没有关联性。研发部门只管按时完成研发，但对市场关注不够，所以，研发出来的东西往往不受市场欢迎，但最后没人对此事负责。研发部门推脱产品没问题，是市场部门没做好推广；市场部门推脱研发部门闭门造车，客户想要的产品研发不出来，对客户不想要的产品还孤芳自赏。"

"嗯，绩效体系设计对公司整个经营的导向和牵引的确非常重要。"我见过太多不重视组织绩效体系设计的例子，所以，我与董事长感同身受。

董事长接着说："绩效管理方面的问题就更多了，基本上就是一个形式，每个月上级给下级打分，虽然也有考核指标，但问题是，公司业绩不管是好是坏，大家的绩效基本上没变化。去年，我也让人力资源部门组织过 360 度评估，但没效果，后来就不做了。"

……

董事长滔滔不绝，看来，说到了董事长的痛点。

说着，董事长又拿出公司的绩效方案给我看。我大致翻了一下，问题的确很多：绩效指标基本上都是通用结果性指标，看不到策略性管理指标，比如，营销部门只考核销售收入、利润和回款，但无法反映核心经营策略；绩效指标基本上都是考核部门工作职责而非经营目标，比如，研发部门考核月度计划工作完成及时率，而不考核新产品项目成功率；绩效指标设计也没有考虑跨部门协同指标。

我谈了一下我对绩效体系存在问题的看法。不过，我更想谈这些问题背后的本质原因，而这往往是很多快速成长型企业忽略的。

我指了指组织架构图，对董事长说："现在组织绩效体系是哪个部门负责？"

我问这个问题，董事长感到非常突然，有些疑惑地说："人力资源部门。"

我说："人力资源部门在制订公司战略及经营计划中的参与度如何？"

董事长说："一般不怎么参与。战略和经营计划一般是我和几位高管决定的。"

我接着问董事长："公司计划管理职能属于哪个部门？"

董事长很疑惑："计划管理？在财务部门啊。"

我说："你说的是财务预算吧，我说的是公司的整体经营计划。"

董事长说："我们每年都会做公司和部门经营计划的。"

我问："那么，谁负责统筹计划的制订、分析、跟踪、预警和调整呢？我在组织架构图里没有发现这个职能。"

董事长恍然大悟："我知道你的意思了，你说的是不是运营管理。"

我说："是一回事。"

董事长兴奋地拍手，说："你说得非常对，我们之前也发现这可能是一个问题。经营计划是制订了，但制订得是否科学、是否可行，计划有没有得到落实，这些都没有部门管理。以前，由我直接负责计划管理，其实，我根本就没精力管，所以，也基本算是没人管。现在部门越来越多，我也没精力细致地看了，在很多工作的监管上越来越力不从心。”

董事长接着说：“我们前年成立了发展战略部，本来就是想做这些事情的。不过，目前这个部门的主要精力放在IT系统建设方面，另外，还有一些行政类事务。去年，我们尝试在发展战略部门下面成立了一个运营管理室，就是想正式把计划工作做起来。”

我问：“计划管理方面的工作应该有所改观啊。”

董事长不好意思地笑了笑，说：“后来，我发现还是没想明白这个部门到底做什么、怎么做，平时就是组织经营分析会等，没取得预想的效果。所以，去年在做组织架构调整的时候又取消了。”

我说：“刚才我们看到绩效体系存在的问题，很多问题反映了公司计划管理体系缺失或者不规范、不精细。比如，很多部门考核指标仅仅设置了结果性指标，但没有体现核心经营策略指标，这就说明你们在制订经营计划时可能也没有想明白。而且，很多部门考核指标每年千篇一律，可能与很多企业对人力资源部门的定位局限于事务性工作有关，导致人力资源部门离业务比较远，无法及时、到位地了解公司的战略及各业务策略。如果公司成立运营管理部门，可以考虑把组织绩效及计划管理工作交给这个部门。各企业对这方面职能的叫法不一，有的企业叫总经办、有的企业叫战略发展部门、有的企业叫计划管理中心，无论部门如何命名，这个部门的基本定位相当于总经理的参谋室，负责协助公司决策者完成战略的解读和分解，并通过计划体系进行监控。”

我接着说：“所以，运营管理部门在公司至少可以发挥三个作用：一是计划管理；二是组织绩效与激励方案设计；三是你刚才提到的，如果明年想划小核算单元，核算体系的管理职责也可以放在这个部门。随着公司发展的需要，运营管理部门还可以承担其他职责，比如，战略管理、经营分析、流程管理和组织管理等。”

董事长听得非常认真，边听边在笔记本上做记录。看来，这些问题也一直困扰着董事长。

董事长接着说：“另外，我还有一个问题。中高层团队非常重要，但现在我们在干部管理方面的问题很多，或者说根本没有管理。”

“问题表现是什么？”我问。

董事长说：“比如，干部评价缺乏清晰的标准，基本上都是由部门直接任命，但有些提拔上来的干部能力一般，根本无法胜任，但又没有非常清晰的绩效标准，结果导致有能力的人上不来，没能力的人下不去，整个干部团队的活力很差。”

我问：“公司干部主要是外部引进还是内部培养？”

董事长说：“基本上是内部培养，而且非常稳定，因为之前做了内部‘股改’，无论本职工作完成得怎么样，都可以享受分红。以前也曾经引进过职业经理人，但都待不下去，缺失干部团队管理的文化。”

我非常理解董事长的担心，这也是很多企业深感困惑的地方。企业干部团队都是跟随老板打拼天下的“难兄难弟”，在企业发展到一定阶段后，部分战友无法跟上企业发展的步伐，但又一时无法找到合适的方法既能“安顿”好曾经的功臣，又能打造出更有活力的干部团队。

董事长又说起另一个问题：“还有一个比较重要的问题，就是目前的价值观不统一。”

回想到进入再起飞公司感受到的文化氛围，我也有些疑问：“价值观不统一？具体是什么问题？”

他说：“比如，我们一直强调客户导向，但接到客户投诉，公司内部营销部门推脱给生产部门、生产部门推脱给研发部门、研发部门又推脱给营销部门，大家互相扯皮，最后一两个月也没给客户答复。我们甚至还专门成立了企业文化部专门负责价值观的宣传贯彻落地，大会、小会都在宣传价值观，也通过内部期刊等方式宣传贯彻，你也看到了，墙壁上张贴的海报也不少，表面上看红红火火，但效果并不理想，还停留在喊口号阶段，根本没落地。”

不知不觉，三个小时过去了，我对再起飞公司目前面临的困惑也有了基本了解。

最后，董事长说：“看你什么时候方便，我们需要尽快启动这方面的工作？”

看来，再起飞公司的管理变革已经迫不及待了。我很惊讶，也非常高兴这么快就和再起飞公司达成了初步合作共识，这都是信任的功劳。

我赶紧说：“我们可以马上开展工作。”

“不过，”我停顿了一下说，“我还需要听听大家怎么说。”

“大家？”董事长一时没反应过来。

然后，我们哈哈大笑。

董事长说："对公司进行深入了解的确是需要的。没问题，这个由我来安排。"

走出再起飞公司的大门，看着进进出出的货车，再起飞公司的整体经营状况很不错，但我突然有一种感触：很多民营企业的运营就像老板拉着一辆木板车。企业刚刚创立的时候，因为资源有限，生存空间狭小，所以，老板拉着木板车穿梭于商业洪流中，靠灵活性、高性价比且有增值的服务获得机会，木板车越来越快，但承重也越来越大。

在整个创业阶段，老板可以把木板车的时速从 0 加速带到 10 公里，但再加速，木板车的承重也会越来越大。老板发现自己的精力有限，而且车速越来越快，已经接近木板车能承受的最大速度，虽然在过程中不断地给木板车"打补丁"，但持续维持高速，木板车将会散架。

如果老板想实现第二次腾飞，给木板车"打补丁"已经解决不了问题了，应该考虑有步骤地将木板车换成汽车，自己也不用再耗费太多的精力在拉车上，找一些司机帮自己开车就行了，自己则有更多的精力抬头看路。

②
来自一线的声音

为了获得更全面、更准确的数据，我组织团队对再起飞公司进行了为期 2 周的调研。这次调研采取了数据分析、调研访谈和调查问卷三种方式。

很明显，有些员工对这次调研有很强的防备心理，经常有人问“为什么对我访谈”或“是否只对我访谈”，甚至个别员工对几乎所有的访谈问题都回答“不知道”或“不太清楚”。当然，大多数员工还是表现出了积极的态度，一部分员工对公司怀有浓厚的感情，十分怀念曾经的辉煌和“激情岁月”，并对公司失去活力的现状深表惋惜，但又很无奈。不过，总体而言，牢骚居多，建设性意见甚少。

董事长谈及的很多问题都在调研阶段得到印证，但也发现了更多的问题。下面是我在一线听到的、有代表性的观点。

战略与执行

“什么是战略？我们公司需要战略吗？”

“我们公司没有战略。”

“对公司战略，我没什么想法，反正领导让做什么，我就做什么。”

“战略是老板的事，我们只负责执行。”

我不止一次听到员工这样描述对战略的理解，甚至包括很多中高层管理人员。

“公司有制订年度经营计划，但是由某个部门或特定团队制订，然后在大会上做宣传，与其说有经营计划，还不如说只是公司提出的发展方向而已。”

“公司目标并没有分解到部门，所以，很难衡量到底有没完成任务，而且也很难找到责任人。”

“没有指定部门负责监控计划的执行。”

“公司会每月召集各部门开经营分析会，各部门会汇报上个月做了什么和下个月的重点工作，以及需要公司领导决策的问题。但是，如果没就工作目标达成共识，报喜不报忧的报告又有什么意义？”

组织与授权

“我们公司高度集权，大事小事都要等老板决策。”

“公司之前也尝试过放权，但最后又收回去了，可能是因为出现了一些问题吧。”

“组织设计层级太多，随便碰到一个人都是‘总’，有很多决策人，流程太长了。”

“组织架构调来调去，我们也不知道什么原因，反正就是一个通知。”

“目前这个规模和其他同类型企业相比，架子大了，通俗地说，就是人多了。”

“每个部门提的问题都很好，但最大的问题是问题出现后，谁来统筹解决？一件事交给一个部门做绝对漂亮，但协同就出问题。如果公司把这个问题解决了，全部问题就解决了。”

标准与流程

“一朝天子一朝臣，换一个领导，所有的工作就被打乱了。”

“公司虽然有制度，但写得都比较‘粗’，对操作的指导意义不大。”

“有制订制度，还梳理成册，但没人执行，制度和执行两层皮。”

“各部门制度很多，但跨部门的流程没人梳理、没人管理，流程之间存在割裂现象，跨部门和跨业务单元没有形成端到端的流程，这才是最影响运作的地方。”

“流程制度都存放在个人计算机里，调岗或离职后，新人又要从头开始。”

“流程出现问题没人解决，流程各环节的执行缺乏清晰的标准与监控措施，责任主体不明确。”

人力资源与组织机制

“公司‘老资格’很多，身居高位，工作能力却不高。”

“这几年，人才流失现象非常严重，很多能力强的老员工都走了，真是可惜。”

“目前，人力资源部门主要集中处理操作性事务，缺乏规划，整体素质无法满足公司发展需求。”

“公司也曾引进过高级经理人，但好像‘水土不服’，最后都走了。最近两年，基本上就没有再招了。”

“关键人才留不住，每个部门都在说招人，其实，关键不是招人，而是如何留人。”

“公司当前的培训主要是制度和理念类的培训，没有针对能力缺失进行针对性规划。”

“目前，考核基本上都是上级给下级打分，但最后成了‘大锅饭’。做好做坏一个样、做多做少一个样，一旦做错就扣分，所以，怕承担责任就干脆少做。”

“说好的奖励，有时候不兑现。”

“出现一些严重的违规行为，可能只是罚款几十元，罚款事小，但导向影响太差。”

“对干部管理无任何管理工具，基本无法控制。像一些企业使用的 360 度评估、季度测评、末位淘汰、平衡积分卡等，我们完全没有，干部管理一片空白。”

“很多领导任人唯亲，大家都看不到希望。”

IT 支撑

“我们公司就是‘土鳖’，都什么年代了，连 OA 都没有。”

“公司有一个简单的ERP软件，但好像没用多少功能，就相当于一个财务软件，大部分功能闲置。”

“你看我们每天光打印纸就耗费多少，其实根本没必要，这难道不是浪费？”

“所有的客户都在销售人员手里，公司之前就发生过销售人员走了、客户也丢了的事情，给公司造成了巨大损失。”

“有系统也没用，很多中高层领导就喜欢签字，因为是权力的象征。”

“大家每天花很多时间都在做报表，其实，很多数据都经过处理，领导根本不知道底下发生了什么事情。”

会议现场

紧张的调研结束了，刚舒一口气，突然接到董事长的电话，说近日正好开月度经营分析会，希望我能参加，可以加深我对再起飞公司运营情况的了解。这个主意倒是很不错，我求之不得。

我提前10分钟赶到会议室，到会人员还很少，我仔细看了一下会议室的布局，细长的办公桌，周围的墙壁上贴了很多强调高效执行的海报，比如，“会而不议、议而不决、决而不行、行而不果是企业最大的浪费”。

行政人员已经沏好茶，给每位与会人员用带有公司logo的纸杯盛水，我有点受宠若惊，因为我已经习惯自己带水，更不习惯被服务。

各部门与会人员陆续进场，很奇怪，很多人悠闲得就像进KTV包厢，完全就是一种“终于可以进会议室放松一下”的架势。

会议正式开始了，各部门逐次介绍了本部门的工作情况。

各部门汇报的形式很随意，但汇报的内容和导向与我在其他成长型企业看到的相似，基本上是报喜不报忧。做得比较突出的，展示一些详细数据，做得不好的，找几个笼统的理由搪塞，然后再加一个小案例说明大家其实很努力，但就是不针对问题分析根本原因，更不会提出针对性的行动举措，甚至很多部门并没有汇报本职重点工作。

令我感到奇怪的是，需要领导决策的事项千奇百怪。在我看来，很多都是各部门的本职工作，但还是拿出来让总经理决策。比如，宿舍的门要不要换新的？遇到跨部门的问题，大家基本上都在谈部门职责和推脱责任。极少人尝试提出好的端到端问题解决思路，但被其他部门驳回，理由是太理想化。据我的观察和现场了解，大多数跨部门的问题都是老生常谈的问题，这其实是科学方法的缺失。比如，产品研发的问题，本质问题还是研发体系的缺失，研发模式模糊、没有端到端研发流程、没有基于倒计时的研发时间线设计、各部门职责模糊、关键里程碑没有标准化、缺乏研发成功与否的标准等。大家都在等待总经理给出每个问题的最后决策。

最后，董事长对下月工作重点提出几点要求，会议在争吵中结束。

大家有说有笑地离开会议室。我坐在那里发呆：整个会议产生了哪些决议？各部门都清楚了吗？这些决议具体由谁牵头跟进？工作完成的时间和标准是什么？哪些决议需要落实到机制中而非仅仅解决当前问题？这一切都没有定论。

对再起飞公司面临的问题，我逐渐清晰起来，我需要好好梳理一下。一周后，我要向董事长做汇报。

3 成长型企业的特点

经过前期调研，我基本了解了再起飞公司面临的问题。这些问题是再起飞公司特有的吗？绝对不是，相反，再起飞公司面临的绝大多数问题和我在为其他公司提供咨询服务时看到的问题相似。

既然成长型企业面临的管理问题是相似的，那么，这些企业应该有一些共性，解决这些问题也应该有规律可循，掌握并理解这些共性和规律有利于更准确、更有效地解决问题。下面，我会从几个维度分析这些企业的特征，解剖成长型企业。

企业的发展阶段

根据爱迪思的企业生命周期模型（如图 1－1 所示），再起飞公司等成长型企业正处于青春期。这类企业不用为生存发愁，但面临持续发展的问题，即由“游击队”向“正规军”蜕变。

处于该发展阶段的公司，创始人一般都是“超人”。无论是企业家的个人魅力还是能力都是一流的，市场前瞻能力强、直觉准、有眼光，一般在产品或营销等某个领域有极强的创新能力或独创商业模式，往往能抓住行业细分机会成功创业并迅速扩大企业规模。这类企业往往在行

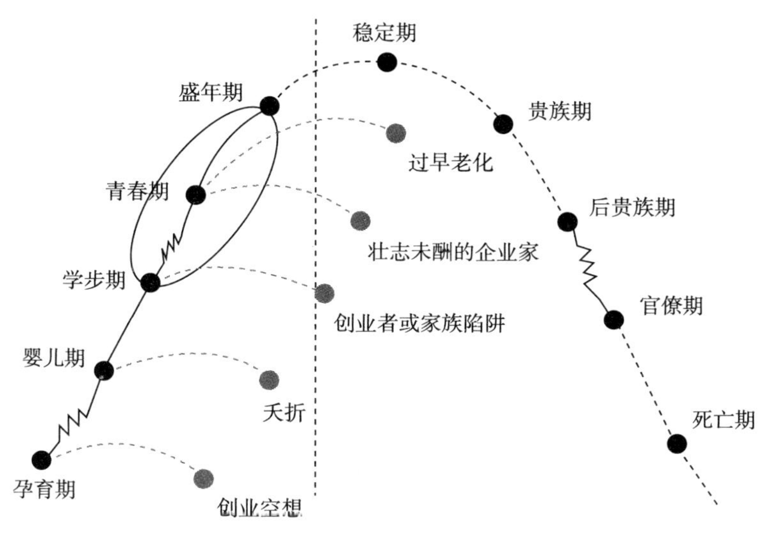

图 1－1　爱迪思的企业生命周期模型

业某细分市场的排名比较靠前，甚至已经成为细分市场的领导者，但距离行业领先企业还有较大差距。

成长型企业与成熟型企业的特性对比

分析这类企业面临的问题，不如先与成熟型企业做一下特性对比（如表 1－1 所示），这样便于理解企业问题的背景、必然性和严重性。

表 1－1　成长型企业与成熟型企业要素对比表

对比要素	成长型企业	成熟型企业
存量资源	少	多
响应市场的速度	快	慢
对未来增量发展的预测	积极	稳健
是否已经制订了未来大幅度增长的发展目标	往往是	有时是

续表

对比要素	成长型企业	成熟型企业
经理人的专业化、职业化程度	低	高
各岗位的职责分工	模糊而综合	清晰而分立
临时、突发事件	多	少
执行力	个人执行力	系统执行力
高管的作用	业务的发动者	风险的管控者
如何推动内部变革和创新	领导人的权威	职业化的部门和项目组，方法论成熟

很多快速成长型企业在面临各种管理问题时比较困惑，其实，知道很多问题是必然的，理解了产生问题的原因和逻辑，反而有利于确定解决问题的主次顺序并解决问题。

有了对比，我相信大家对再起飞这类成长型企业之所以会产生这么多的管理问题会有全新的认识。

成长型企业通常会面临的问题

这类企业战略能力很强，一般也是这类企业成功发展到这个阶段的核心成功要素之一，但这种战略往往在老板的脑袋里。

老板偶尔也会在公司内部会上讲解公司的战略，但是是碎片式的、说教式的，只说大方向，各级经理和员工并不能真正理解，更不会形成一致的行动力。

还有些企业已经整理成书面的战略报告，但仅在核心高层之间传阅，其他经理级人员仅通过会议或者“道听途说”得到一些消息。在这样的企业里，战略更多是机密，没有分解落实到各级经理的目标和行动举措上，更谈不上跨部门协同和监控。

很多人可能很疑惑，既然在前期发展阶段，老板的战略眼光好、执行能力也不错，为何现在反而成了问题呢？我想通过图1-2说明。

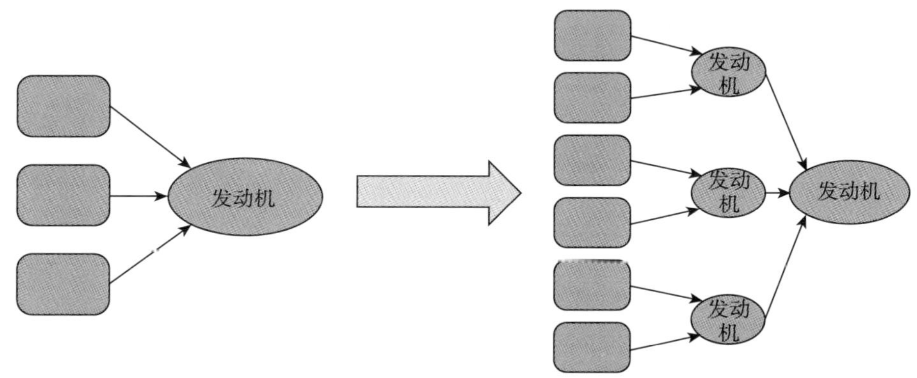

图1-2 从老板一个发动机到一个核心团队多个发动机管理模式的转变

在企业发展初期，因为业务规模较小、组织结构简单，很多职能是整合的，创始人在战略上想得非常清楚，而且知道如何落地，也会亲自带队负责战略的具体执行工作。作为企业唯一的发动机，企业家完全可以胜任这个角色。

当企业发展到青春期阶段后，虽然老板的战略还是非常清晰的，但很多战略思路无法落地。因为随着业务规模的扩大，组织架构复杂化而且职能开始细分，自己的很多战略意图无法准确地传达到各部门、各岗位，更无法实现协同效应。所以，处于青春期的企业需要做一个改变，那就是由企业家一个发动机变为由核心团队组成的多个发动机牵引企业前进。

企业家应该**由亲自拉车逐渐过渡为以掌握公司发展方向为主**，把主要精力放在调整商业模式和塑造高效的机制上，同时，逐步提升中高层的经营意识和能力。

成长型企业还有一些家族式管理的风格，所有权与经营权不清晰。比如，很多企业的创始人一般同时担任董事长、总经理，甚至兼任营销部门或研发部门的第一负责人，有时候可能存在角色混淆的情况。因为很多企业对总经理是没有考核的，反正都是自己的企业，但这给整个经营团队的管理带来障碍，很多决策的随意性增强。

这类企业，老板已经习惯了凡事亲力亲为，存在集权过度的现象。有些创始人也认为需要放权，但担心“一放就死”，或者的确发生了放权后发生风险的事情，最后又无奈集权。所以，老板外出时，很多事情必须搁置；老板回来后，大家排队签字。很多会议上，各类事宜一般也由老板最后做决策，其他人不愿意发表个人意见或者已经习惯听从领导安排，自己只负责执行。

企业发展初期，高度集中有助于提高运营效率，但到青春期后，组织能力的重要性就体现出来了。集权模式不利于下属成长，老板也很苦恼，因为每天都被琐事困扰。

成长型企业的中高层一般有创业核心团队成员，在企业发展初期，大家都非常有激情。但随着企业组织快速裂变，跨部门协同越来越差，中高层的激情也逐渐减退，而且“干与不干一个样、干多干少一个样、干好干坏一个样”。原因往往是**中高层的薪酬结构与绩效体系无法匹配这个发展阶段的需要。**

很多企业在发展初期，甚至没有绩效体系，都拿固定工资。如果经营得好，年底老板会给大家一些奖金，即使有绩效考核，也是直接由老板拍脑袋打分，中高层天天围着老板转而非围着既定计划转也就不难理解了。

因为缺乏科学的绩效评估标准，大家都不愿意多做事。因为做好一般没奖励、做坏会有惩罚，所以，大家干脆推卸责任，尽量不做。遇到问题，跨部门扯皮的事情也就多了。

青春期的企业要设计能支撑战略的绩效体系，“不能让雷锋吃亏”是企业急需解决的问题。另外，因为部门协同需求的提高，企业的运行模式也需要从强调专业分工到强调部门协同模式转变（如图 1－3 所示）。

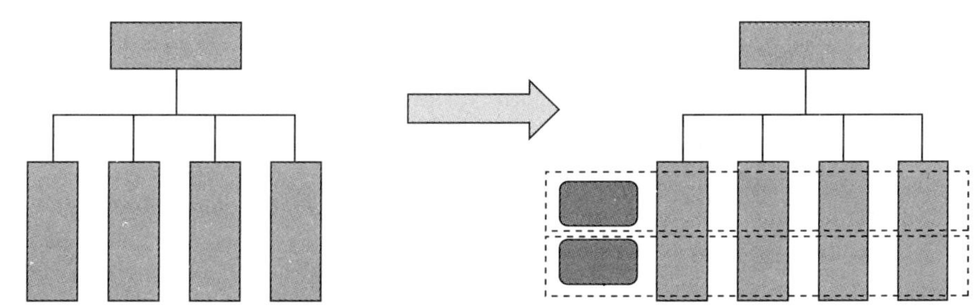

图 1－3　从强调专业分工到强调部门协同模式转变

计划性差也是成长型企业的特征之一，领导天天忙于救火，组织绩效差。虽然企业也会做一些梳理，甚至把制度文件梳理成册，但都流于形式，无法执行，精细化和量化管理只是口号，没法落实。企业运作还是靠习惯、经验和个人关系，好的经验没有积累，重复犯同样的错误。

再起飞公司处于发展的青春期，是成长型企业，如果想完成管理变革，就必须实现两个转变。

转变一：由机会型成长转变为有策略、有计划的可持续性成长。

转变二：由老板个人驱动业绩增长转变为组织自发驱动业绩增长。

第二章
启动变革：行动总动员

❶ 变革的切入点在哪里

再次与董事长见面，董事长情绪高涨，见面后第一句话就是："我相信你对我们公司的情况已经有了全面的了解，应该有了初步结论。问题出在哪里？如何解决？"

我说："我们先聊一聊之前困扰你的问题。比如，你上次曾经提及公司每年都在谈服务，甚至谈五星级服务，但为何客户与我们渐行渐远？"

董事长说："这主要是每个部门的本位主义思想太重，出问题不找自己的原因，第一反应就是把责任推到其他部门身上，大家从来不站在一起努力解决问题。"

"客户服务是否对我们非常重要？"我故意问道。

董事长很诧异地看着我说："当然很重要，客户不满意，我们哪还有生意做？只有客户赚钱了，我们才能更好地发展。"

"这个行业的客户最看重什么服务，或者说服务的标准是什么？"我反问道。

董事长停顿了一下，说："很多，比如，产品要有竞争力、质量要好、送货要及时、不能经常缺货、出现质量问题要快速解决。"

"现在，我们能否满足客户的需求？"我问道。

“不能。我经常接到客户的投诉电话。”董事长说。

我问：“我们有没有客户投诉的报表，便于管理和分析。”

董事长说：“那倒没有。客户一般有投诉会直接给我们的客户经理或者营销部门总监打电话，有特别大的问题，以前我亲自带出来的代理商会直接给我打电话。”

这也是成长型企业常见的现象，老板接到一个投诉电话，公司上下都忙翻了天，但救火过后，并没有彻底解决问题。而且，老板也喜欢拿投诉电话评估相关部门或责任人的绩效。大家并没有意识到，这种处理问题的方式没有可积累性，客户投诉的通道不顺畅，没有科学、透明、闭环的处理流程。

我问董事长：“既然客户服务如此重要，我们的服务标准是什么？或者说什么是五星级服务？衡量的标准是什么？目前服务水平现状及差距是什么？应该采取哪些具体针对性措施提升服务质量？谁负责？什么时间完成？如何做好工作过程控制？”

董事长好像被我一连串的问题问蒙了，也许从来没有人问过他这些问题，也许他从来没把这些当成问题。

他思考良久说：“非常明确的、具体的标准没有，只是年初部门做工作汇报时，营销部门提及要打造五星级服务，这项工作主要由他们落实。至于过程的监督，我们一般都有月度经营分析会，如果有投诉等问题，大家也会一起讨论。”

我说：“现在的问题是公司并没有五星级服务的标准，也没有分析现状并形成具体的行动措施，更没有确定相关责任人及完成时间。一些服务质量的提高并非某个部门能独立完成的，可能需要几个部门共同协同来完成，但没有明确如何协调组织和推动。”

“是这样。”董事长若有所思。

“根据前期调研，虽然公司每个月都会开经营分析会，但对各部门汇报的形式和内容基本上没做要求，每个部门只是简单地汇报一下上个月做了什么、下个月的计划，汇报的内容未必是年度计划承诺的工作。目前，公司也没有与客户服务相关的考核指标，中高层管理人员的考核是由你凭感觉直接打分。”我说。

看来说到了董事长的痛处，他尴尬地点了点头。

“第一个问题很明显。”我拿了一张白纸，画了一个草图，“这就是公司的现状（如图2－1所示）。”

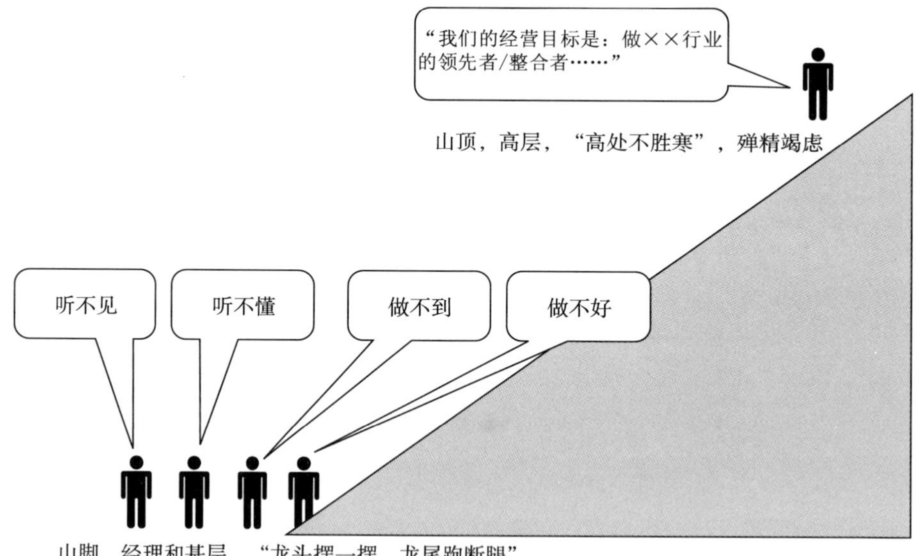

图2－1　山顶上的老板和山脚下的员工遥遥相望

我接着对董事长说："为什么你觉得很累，下面又总是执行不到位呢？因为你在山顶，基层甚至中高层还在半山腰和山脚下。公司说要提高产品竞争力，但下面很多人听不见，因为你可能只对部分中高层提了要求，公司内部没有工作计划的分解体系，很多人未必知道公司的决策。有些人知道了，但听不懂，因为他们不理解提高产品竞争力和自己有什么关系，就像刚才说的五星级服务，公司上下没有达成共识。有些人听懂了，但未必能做到，因为提高产品竞争力不是一个部门能完成的，所有部门协同才能实现这些目标。缺少统一的认识和具体的行动计划，事情往往做不好。再加上缺乏有效的战略执行过程监控，也没有问责制度，时间长了，公司再说提高产品竞争力，大家就习以为常了，反正也做不到，公司的要求也就成了口号。"

董事长不住地点头，表示认同。

接着，我又在白纸上画了另一个示意图（如图 2－2 所示），说："所以，我们现在缺乏战略执行路径和保障体系。"

我说："现在最要紧的事情就是把你的想法分解落实到各个部门，否则，你永远疲于奔命，关键是亲力亲为并不能把事情做好。"

接着，我给老板讲了一个商业小故事："老企业家的儿子问父亲怎么做管理。父亲拿了一根绳子放在桌上，先让儿子把绳子往前推。儿子从后往前推这根绳子，结果一推绳子就弯了。这时，老企业家让儿子从前面拉绳子，结果，儿子一拉，绳子随之而动。老企业家告诉儿子，管理其实非常简单，只需要用目标把大家拉动起来。"

董事长听后，兴奋地说："对，你说的对。这也是为何天天救火并

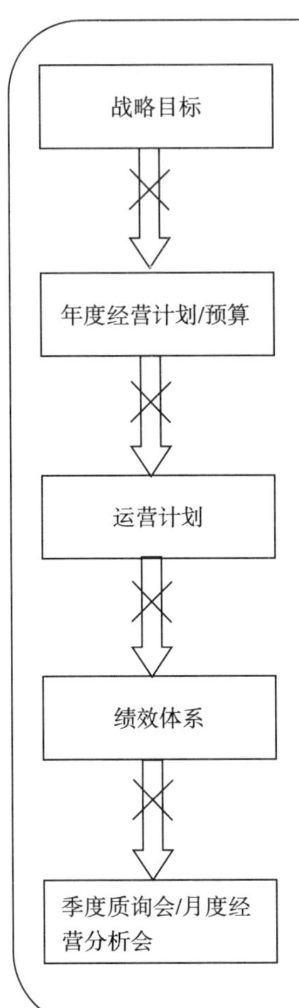

图 2－2　企业现状：缺乏战略执行路径及保障体系

不能解决问题，反而越来越乱的原因，的确需要从源头上解决问题，提高工作的计划性并层层分解。”

“另外，你上次还提及团队没有激情，但这次调研中，有很多员工抱怨‘做多做少一个样、做好做坏一个样、做与不做一个样’。从意愿上讲，员工还是喜欢多做事、做好事的。为什么他们没有激情努力工作呢？问题是现在公司缺少高绩效文化，既然做与不做一个样，他们为何还要努力？追求卓越的人会主动逃离这样的文化，所以，这也是公司招聘的职业经理人也不少，但总是留不住人才，即使留住了人才，最后也成了‘废才’的原因。”我边说边给董事长看了一张写满相关访谈纪要的选摘，董事长不停地点头，看来他已经明白了问题所在。

我举了一个例子：“最近，leadership IQ 有一个调查，19% 的美国员工的敬业度高，中国仅为 6% 。研究称，关键因素是企业文化。52% 的高敬业度来自进取型企业文化：成就及贡献导向、冒险精神、创造力；40% 以上的不敬业源自阶层性文化：重权力和命令、层级管理和监督。敬业度取决于企业而不是个人，所以，员工不努力，不是员工本身的问题，而是公司是否搭建了一个富有挑战并且可以成就员工的机制平台。”

一直点头沉默不语的董事长，突然想到了什么，兴奋地说：“你说得太对了，这让我想起一件事情，以前公司融资需要向银行贷款，太难了，都要跑断腿了。但今年一个银行的朋友经常主动约我吃饭谈贷款的事情，有时候晚上 11 点多了还打电话。后来才知道，原来他们换了行长，新行长给每个大客户经理定了目标，做得好大奖，做得不好降薪、降职甚至走人，所以，他们有压力，但也很有激情、干劲。因为做好、做坏的标准透明统一，现在比以前拿的薪水还高，而且升职都透明了。”

董事长讲得例子很精彩，而且也很到位。

我提醒说："公司本身的问题要解决，人的问题也要解决。公司转型需要更加职业化的管理团队，所以要多引进职业经理人，对于一些无法跟上公司变革步伐的管理人员，要分情况采取转岗或淘汰的手段，不能像现在这样——上来了就下不去。最终，管理团队要有灵活的用人机制：能进能出、能左能右、能上能下。做好做坏都要在荣誉、地位、收入方面有所区别。"

董事长说："只是有时候下不了狠心，毕竟大家都是从创业起就跟着我干，没有功劳也有苦劳。不过，你说的我也明白。"

这是很多成长型企业存在的典型现象之一。兄弟文化可以凝聚力量，但现在却成了阻碍公司发展的绊脚石。

这让我想到在《史蒂夫·乔布斯传》里看到的一段内容：

我有时候对别人很严厉，可能没有必要那么严厉。我还记得里德6岁时，他回到家，而我那天刚解雇了一个人，我当时就在想，一个人要怎样告诉他的家人和幼子他失业了。很不好受。但是必须有人去做这样的事。我认为确保团队的优秀始终是我的责任，如果我不去做这件事，没有人会去做。

做企业的确应该如此，企业是一个营利组织，而不是称兄道弟的地方。如果两者能有效结合是最好不过的事情了，但这几乎是不可能的，董事长不可能每天都和公司所有的人打照面，就已经决定了这是一条死路。

成长型企业必须靠制度和文化凝聚公司，而不是靠老板的言传身教。当然，这绝对不是否认老板言传身教的价值，而是说，老板的言传身教最终也要落实到制度和文化中，让制度和文化变成孙悟空的汗毛，变成千千万万个董事长价值观的化身，才能牵引整个公司。

这就好比几乎所有的企业家都认可“不能让雷锋吃亏”，但真正能做到的，永远是把这句话体现到真实的绩效制度中，而不仅仅是喊口号和作表面文章的公司。

董事长说：“对，重塑价值观非常重要。”

我非常认同并理解企业文化转型对组织变革的重要性：“当然重要，比如，刚才我们讲的塑造高绩效文化就是一部分。就像改革开放，邓小平做了很多解放思想的工作，他表示‘黄猫、黑猫，只要捉住老鼠就是好猫。’当大家质疑深圳‘时间就是金钱，效率就是生命’时，他也及时给予支持。商鞅变法徙木为信也是这个道理。”

“所以，我们要打造一个责任清晰、高绩效文化、干部能上能下的机制。当然，这主要是组织机制建设方面，还要对各个业务领域进行改造，比如，建立以客户为导向的营销体系等，但业务突破工作可能要等到组织机制初步搭建后实施。”

“好，那就这么办吧。你的咨询团队什么时候可以进场？”董事长急切地问道，看来他被问题困扰已久，急于解决问题。

“很荣幸能与再起飞公司再次合作，”我说，“但先别着急。”

董事长不解地问：“为什么？”

我说："好的开始是成功的一半。通过前期调研，大家普遍认为我们在行业内还是有一定优势的，虽然近几年的竞争优势没那么明显了，甚至已经被竞争对手在一些领域超越，但大家并没有意识到问题的严重性。所以，最重要的事情就是把变革的压力传递给中高层和各级员工。"

董事长认可该思路，先做一些变革松土的工作。

"最后，还有一件事情很重要。"我说。

董事长很诧异："什么事情？"

"其实，公司的问题不难分析，变革的方法也没那么复杂。也许最难改变的，也是最需要改变的是你和中高层。"我说，"你还记得上次我参加你们的月度经营分析会吗？那次会议，各部门的工作思路不太清晰，整个会议基本上都是你在说，这样一来，别人就没办法思考和成长了，中高层的经营能力永远无法提高。"

接着，我讲了一下，我在做团队管理咨询中的一些体会。

我的团队管理经验和思考

我是一个对工作要求很高的人，所以，在多年前带团队时，总认为时间不够用，员工也不够优秀，我的工作模式基本以行政命令式为主。比如，我会直接告诉下属："你负责做这个，明天交给我。"有时，我对一项工作已经做了些思考，也没有直接告诉下属，认为这是下属应该独立思考的，甚至也没有意识到必须分享一些完成这项工作的重要参考资料，更别说详细地讲解我对这些参考资料的具体分析情况和选择性应用了。我对这种工作模式还挺得意的，美其名曰这是逼迫下属成长。

当然，最终的工作结果在现在看来是正常的，90%完全达不到我的要求，甚至与我的要求背道而驰。每次我都被下属气得半死，有时甚至想：与其让下属做我还要“擦屁股”，还不如自己直接搞定算了。事实上，部分工作的确是我加班加点完成的。我追问下属为什么没有严格按照我当时交代的去做，下属总是说：“我没有理解您是这个意思。”或者说：“我还认为是这样呢。我没思路。”每次，我都把罪责归为下属不动脑筋。

一次偶然机会，我把大家召集在一起又用同样的方法给下属部署任务。正好，有一个我非常尊敬的前辈找我谈一些工作，他毫不留情面地直接打断我：“你不能直接告诉大家做什么，你应该让他们谈谈自己想怎么做。”

虽然我心里很不乐意，但还是接受了这个建议。

我和大家坐下来，然后让其中一个下属在演示板上给我们讲他对这项工作的计划。出乎我的意料，刚刚他还说理解我安排的工作，但现在突然不知所措，半天也没有在演示板上把接下来的工作思路和具体的工作计划讲解清楚，很多想法甚至和我预想的不同。

我突然意识到工作模式存在的问题，我只是告诉别人方向，别人也认为自己懂了，但真正让他们思考如何做时，他们其实很迷茫，我的很多隐形要求也没有传达到位。

前辈并没有直接让我给出答案，而是不断地质询或引导说："国华，你对这项工作的安排是这样的吗?"

我对下属说："不是，我不仅仅是想让你们说说工作的大概逻辑，更重要的是你们要按照时间段告诉我可执行的动作，比如，什么时间由谁用什么表单做什么等。"

前辈又转头对我的下属说："按照这个思路，你再重新给大家讲一讲怎么做。"

就这样，不断地质询和引导，最终，我们对工作达成了共识。可以看出，下属也非常高兴，因为所有的工作计划和思路都是他想出来的。

这次经历对我后来的团队管理模式的形成至关重要。后来，我再进行团队工作部署时，一般提前向大家简单地说一下工作要求，也会简单讲解一下我已经想到的所有方法和参考资料，然后让大家想一想工作思路框架。

只要时间容许，我会召集所有人，找一个会议室通过投影和演示板，让下属讲讲自己的工作计划。通过团队不断的质询和帮助，最终使整个团队达成共识。

我发现，在这种工作模式下，下属的工作成果一是效率高，二是质量高。90%的结果都达到我的工作期望，甚至会超出我的预期，即使有一些偏差，只要稍加修改就非常圆满。通过团队协同的工作模式，团队凝聚力得到了加强，团队内部对各自的工作有了充分理解，反过来也推进了工作，不像以前都是我单点和每个人联系沟通，每个人都在孤军奋战。下属有了成就感，成长得也很快，奇怪的是我的工作压力也得到了释放，这是一个正循环。

现在，我越来越喜欢，或者说是享受这种工作模式，这是多赢模式。

也许，一开始某项工作下属仅仅能做到60分，不如自己做得完美，如果因此就不指导和放手让下属充分发挥积极性，下属就无法成长。利用新的团队工作模式，下属可能仅仅做到70分，也许第二次做工作时就超过自己对工作的预期了，这就是充分发挥团队力量的结果。

团队能力不应该是监工模式，也不仅仅是评价模式，应该是帮助和协同模式，毕竟高效完成工作是所有人的共同目标。

董事长听得非常入神，边听边点头，若有所思，最后不好意思地说：“我犯得也是这个错误。现在看来，我的确是关心过度，有时候就是担心下面的人做不好，以后我也要改变工作方式才行，要注意放权和有耐心，也要给予下属实实在在的帮助。”

和董事长道别后，我非常高兴，一是促成了这次合作，二是中国民营企业正在觉醒。

近几年，越来越多的民营企业开始投入不菲的管理咨询费启动变革转型项目。这已经不是抓住一个市场先机或占据一些资源就可以坐收大钱的时代了，企业竞争的门槛越来越高，市场的竞争也愈发激烈，要想在市场中立于不败之地，“游击队”已经不能适应企业发展阶段的需要了，下一步就是打造“正规军”，提高系统作战能力。

变革转型之痛，是快速成长型企业在发展过程中必须付出的代价。

②
企业要“临危思亡”

刚刚过了两天，我正在和团队讨论再起飞公司变革启动策划的事情，突然接到再起飞董事长的电话：“再起飞公司变革要加快步伐，要尽快确定启动变革的工作。”

看来，董事长又遇到了一些问题。董事长非常期待这次变革，也准备大干一场，这值得庆幸。我见过很多企业的一把手对变革只是提出了期望，并没有表现出激情，甚至没有具体的要求，被动、随波逐流的变革，后果可想而知。

当然，一把手工程也不是一把手自导自演就可以完成的，一定要上下形成合力，变革才会成功。所以，我说：“就像上次我跟你说的那样，你要把变革的必要性和压力传递下去，营造变革的氛围才行，毕竟变革的具体执行是下面的人做，至少所有的中高层管理人员要非常了解并能全力支持这次变革。”

“怎么传递呢?”董事长问。

“首先，要了解他们是怎么判断公司目前的运营现状的，也就是说，大家要就公司目前存在的问题及未来改进的方向达成一致。我已经设计了一套题目，可以让中高层干部做做，然后再开会宣传贯彻和统一变革思想。”我解释道。

董事长很疑惑：“都问什么问题呢？”

我说：“比如，问大家理解的行业环境如何？我们的竞争对手有哪些？竞争对手优劣势是什么？我们的产品特色又是什么？我们的短板在哪里？我们的机会在哪里？”

董事长说：“哦，那我明白了。这个主意很好，就这么办吧。我安排人把问卷先发下去，一周后再正式启动项目。”

一周后，再起飞公司召开了由所有中高层参加的变革通气会。

变革通气会的第一个环节是“总经理大奖”，后来，我才知道，再起飞公司董事长在一些重要会议上喜欢设置一些竞猜环节。

董事长说：“公司从成立至今发展比较稳定，大家说说我们经营的核心原则和优势是什么？最多说三点，说对一点奖励 1000 元，说对三点奖励 5000 元。”

大家沉默良久后，终于有人开始回答了：“我认为，我们的市场份额比较大是优势之一。”

“我们抓住了行业发展的机会。”另外有人回答道。

……

董事长很疑惑：“大家不要猜啦，看来没有人能答对。很奇怪，其实，平时我都对大家说过啊，但你们还是不明白。市场份额大是优势吗？再说我们的总体份额其实并不大，只是在部分专业领域稍大而已。”

董事长拿出前几天大家填写的调查问卷说："本来，我认为中高层对公司目前面临的一些问题都很清楚了，但调查的结果让我很吃惊。虽然我之前一直强调公司要变革，但现在看来，大家并没有准备好，还没有认识到问题的严重性，相反，还盲目乐观。比如，有一道题目是'我们的主要竞争对手是谁？我们和他们的优劣势是什么？'只有 1/3 的人回答了这个问题，其他人要么没回答，要么直接注明'因不接触市场，所以不清楚'。因为没有跑市场就不知道吗？比如，做人力资源工作，我们是否需要知道竞争对手的人力效能？做生产，我们不应该知道竞争对手的生产成本吗？做 IT，我们也需要知道竞争对手使用了哪些 IT 手段提升运营效率啊。"

"即使有人回答了，答案也是五花八门，我们平时不是一直在讲客户导向和市场导向吗？结果我们连竞争对手是谁和他们的优劣势都不清楚，我们怎么能做好？还有人这样回答，'我认为我们的竞争对手就是比我们的市场份额更大的电子制造企业，我们必须赶上或者超越它们才能赢得先机'，还是没说清楚我们的优劣势啊。"看来，董事长对调查问卷的结果非常不满意。

董事长边说边把我的团队整理的行业相关的一些数据展示给大家："本来，我认为应该直接启动变革项目，但现在看来还不行。很多人根本没有意识到公司目前存在问题的严重性。很多人说我们在专业领域有优势，但我们的优势在哪里？虽然近几年的销售收入一直在增长，但竞争对手的销售收入也在增长，而且比我们增长得更快。我们的产品原来有一定的优势，但现在产品同质化现象越来越严重，创新能力没有提高，一直踏步不前。大家看看，最近几年行业内里程碑式的新产品都不是我们公司研发的，我们在部分产品线上不是处于领先地位，而是处于被动的跟随地位。前几年，客户口碑一直不错，但现在客户投诉接连不断。我们一直自认为供应链效率有优势，大家看看这两年竞争对手的指标，比我们还好；我们也一直认为自己在营销模式方面一直走在行业前面，但看看竞争对手在央视铺天盖地的广告和营销活动，我们已经被超越了。我们不是临危思变，而是‘临危思忘’。”

很多经理人对其中的数据感到震惊。这是很多成长型企业常见的现象，员工生活在过往的辉煌中，一直生活在自己的小天地里，自娱自乐，像在温水里煮的青蛙，竟然没发现整个行业已经发生了翻天覆地的变化。

强大的诺基亚从一代霸主到日落西山也不过几年的时间。

今天，某个公司很难长期占据竞争优势，只有不断地应变。

我突然发现，董事长对变革的理解是正确的，公司变革不是临危思变而是“临危思亡”。

3 启动变革

随后的一个周末，再起飞公司董事长与我相约确定有关变革的细节。

刚见面，再起飞公司董事长就和我谈起了之前的变革通气会："上次开完会，给我很大的启发，本来我认为变革思路定下来后直接推行就可以了，但从上次会议情况看，根本不是这么回事，公司除了我，其他人根本没有变革的压力。"

董事长停顿了一下，指了指自己的办公室，说："我想了解一下，如何营造变革的氛围并传递给各级员工，变革不能仅仅停留在这个办公室，也不能停留在中高层，要深入基层。"

我紧盯董事长说："你说的对，只有各级员工都能认识到变革的必要性，并真正行动起来参与变革，变革才能成功。这次变革不是局部优化，是全方位的变革，确切地说，应该是一次蜕变；无法一蹴而就，要经历一个相对漫长的过程；不是突击战，而是拉锯战。所以，你一定要做好心理准备。"

"我已经做好了长期抗战的准备，我也理解这次变革可能需要几年的时间。"董事长非常严肃地告诉我，"这次变革只能成功不能失败。"

我非常欣慰，很多企业家向我请教变革，总希望我能给他们一把万能钥匙或者一个变革秘诀，希望用两三个月的时间，通过一剂猛药就使企业有较大的改观。显然，这是不现实的。

一个有血有肉、有思维、有生命的企业，打破现状并非易事。很多企业的变革往往是“出师未捷身先死”，变革一直都困在老板的办公室里，未能真正激发全体员工的激情，这背后是没解决好全体员工变革意识的问题。

我说：“这次变革是要动筋骨的，而且是拉锯战，整个变革的策划非常重要。特别是中高层要对变革的思路达成共识，建立一个由你亲自领导的变革组织很重要，它能协助你牵引整个工作。所以，你需要任命一名助手。”

“这个助手必须具备哪些条件？”董事长反问。

我说：“首先，这个助手在公司要有较高的职位，并且要有魄力和威望，这样一来，很多变革措施才能实施下去。另外，这个助手最好是在职能管理部门中挑选，因为这次变革是企业全面管理的提升，如果让营销部门或生产部门的负责人担当，他们的精力和工作重心根本不在这里，而且变革一旦走向正轨，持续管理能力提升将变为常态职责。至于这个助手的特质，首先不能是一个墨守成规的人，要喜欢创新，而且执行力很强，不能你强调方向他也强调方向，变革虽然表面光鲜，但要落实到一件件琐碎的事情上。”

董事长想了想，说：“发展战略部的刘总符合这些要求。”

董事长问："还有什么需要注意的吗？"

我说："变革组织组建后，整个变革组织的运作非常重要。有四个关键点：一是沟通机制，二是激励惩罚机制，三是各专项工作的运作方法，四是变革宣传。变革过程中，定期沟通非常重要，一是有利于大家获得对称的变革信息，进而形成变革合力；二是监督各变革工作及传递变革压力的重要方法，如果不定期开会沟通，变革的士气很容易涣散。此次变革是艰巨的拉锯战，而且是长期抗战，所以，一定要有相应的激励惩罚机制，对各部门对变革的支持度及工作质量做出评估，激励变革拥护者，引导甚至惩罚变革阻碍者。经过前期了解，公司内部项目管理能力欠缺，本次变革涉及的各专项工作都要严格按照项目管理的方法推行，而不是简单地开几次会。宣传工作非常重要，可以解决各级员工变革信息对称度的问题，否则会一头热。宣传要以行动为导向，即加强对变革成果的解读，不只是简单地宣传一些理念。这就涉及一个问题，我们要为这次变革起一个响亮的名字。"

"对，我非常认同你的建议。一个响亮的名字有利于传递变革信息，起名字有什么讲究吗？"董事长问。

我说："一是名字要代表这次变革的主题及内涵；二是要简洁，容易被传送及理解。"

董事长想了想，说："我想起一个关于鹰的寓言故事，比较符合变革的定位。鹰的寿命很长，但它在40岁时必须做出困难且重要的决定。因为它的喙变得又长又弯，几乎可以碰到胸脯；它的爪子也开始老化，无法有效地捕捉猎物；它的羽毛又浓又厚，翅膀变得十分沉重，飞翔十分吃力。此时，鹰只有两种选择：要么等死，要么经过一个十分痛苦的更新过程——150 天漫长的蜕变。它必须很努力地飞到山顶，在悬崖上筑巢，并停留在那里，不得飞翔。鹰首先用它的喙击打岩石，直到其完全脱落，然后静静地等待新的喙长出来。鹰会用新长出的喙把爪子上老化的趾甲一根一根拔掉，鲜血一滴滴洒落。当新的趾甲长出来后，鹰便用新的趾甲把身上的羽毛一根一根拔掉……5 个月以后，新的羽毛长出来了，鹰重新开始飞翔，重新再度过 30 年的岁月！”

董事长接着说：“这次变革就叫‘鹰计划’吧。”

我说：“这个故事的寓意的确很好，和这次变革定位也很匹配，就这么定了。”

“我们这次变革从哪里开始呢？”董事长问。

我说：“变革首先要有一条主线，还记得之前我对你说过，目前公司缺少战略执行路径及保障体系吗？现在正是启动明年经营计划的时间，整个经营计划的执行会贯穿公司方方面面的工作，而且其他工作，比如，绩效体系的设计也要与之相匹配，所以，以计划这条主线开展变革比较好。”

我向董事长说明了近期的变革规划（如图 2 – 3 所示）。核心是在第四季度，按照科学的方法，完成明年的年度经营计划，并设计能直接支撑战略的中高层薪酬及绩效方案。

最后，我向董事长道别，并约定 10 月 18 日正式启动鹰计划。

10月
11月
12月
启动会
里程碑1：启动会明确变革组织及工作计划，吹响变革冲锋号
战略研讨会
里程碑2：中高层探讨明年的经营目标落实的策略并达成共识
里程碑3：经营计划及预算质询会
里程碑4：董事会决策会
经营计划、工作计划及筹备
各部门制订经营计划
经营计划委员会质询并修改
董事会审批并发布
虚拟利润中心设计
里程碑5：虚拟利润中心设计
中高层考核指标设计
培训、研讨会、宣传
例会、周报、月报
里程碑6：正式发布组织绩效方案

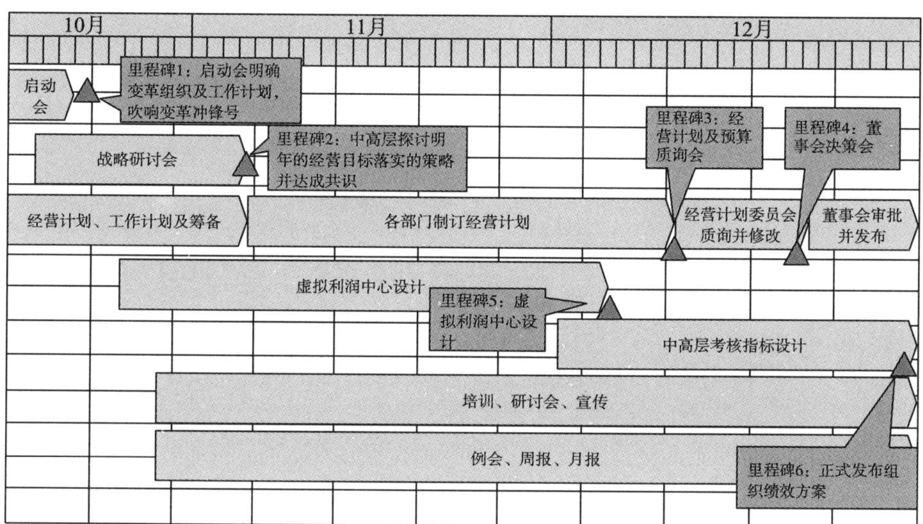

图2-3　变革规划图

④ 如何进行变革融冰

10 月 18 日上午 8 点，再起飞公司可以容纳 1000 多人的大礼堂人声鼎沸，全体员工陆续入场，鹰计划即将在这里正式起航。

一条大横幅挂在主席台上方格外显眼，上面写着“鹰计划：我们必须再造，才能赢得未来”，表达了变革的主题。

显然，董事长对鹰计划投入了巨大的精力，我也非常兴奋，为有机会策划并参与再起飞公司的蜕变深感荣幸。

我首先给大家分享了一下之前整体管理诊断的情况，我希望员工对目前公司内外部环境的严峻性有更深入的了解，对管理变革的紧迫性和必要性有足够的认识。

对大多数快速成长型企业的管理变革而言，变革融冰至关重要。平时，大家就像温水里的青蛙，很少直接与市场打交道的员工更是如此，对企业外部经营环境及客户需求的变化就像隔着一层层的棉衣，不但无法感受到外部压力，而且盲目乐观。

身在其中，很多问题大家也能感受到，但变革融冰需要更加客观、整体的经营数据反映。比如，大家凭印象可能一致认为公司的强项是产品极具竞争力，但当看到最近几年行业的新产品动向和公司核心产品的市场份额逐年下滑时，大家才真正放下身段客观审视产品规划的问题；大家都认为各自部门还需要大幅增加人手，但与其他竞争对手的人均效能做对比时，大家才发现公司的运营效率很低；大家都认为变革是一件本不应该发生而且非常恐怖的大事，但看到标杆企业面对行业环境做的组织变革时，才意识到变革是常态。

所以，我一直认为变革融冰比变革本身更重要，只要大家思想上达成共识，才能形成变革协力。其实，做好全体员工变革思想准备工作，有助于加快变革并提高变革效率，反之，如果没有完成变革思想准备，正确的变革也可能变为一场灾难。

随后，公司正式公布了管理变革鹰计划，并成立了变革执行办公室，办公室主任由发展战略部的刘总担任。刘总对鹰计划执行办公室的整体组织架构及职责做了说明，并对公司变革规划及近期的工作安排做了全面阐述。

最后，由再起飞公司董事长做名为《我们必须再造，才能赢得未来》的变革动员发言。

今天，把公司全体员工召集起来，就是要告诉大家，再起飞公司进入了新的发展阶段。我们都希望公司能继续高速发展，我们需要变革，这将是公司发展历史上最重要的时刻之一，是绕不过去的、是必须面对的。

为什么要变革？我们存在问题，所以要变革。另外，我们也充满希望，这段时间，公司高层也在马不停蹄地探讨如何变革。

首先，我将简单分析一下国外、国内、行业内部，包括外部环境和内部环境的变化。

对再起飞公司来说，目前整个外部环境非常严峻，刚才金顾问也给我们看了很多数据，包括国际大环境、行业环境及竞争对手等数据，可谓触目惊心。这个行业一直是国外品牌占主导地位，随着各项成本的提升及竞争加剧，很多中小企业倒闭了。

从企业内部来讲，主要问题表现在“老、旧、粗”三个方面。

(1)“老”，是指我们的思维老化，管理工具、理念老化，从而导致工作效率降低。

(2)“旧”，是指创新的激情减退，依靠原来的思路和经验办事，接受新事物的能力低。现在，市场日新月异，有很多新事物，但很多人却拒绝接受。

(3)“粗”，是指粗放式的模式和粗放型的管理。做了和做好是两码事，我们没有以效果和绩效为导向，没转变意识。

“老、旧、粗”导致办事效率低下、沟通存在阻力、思维保守、结果导向不明显、绩效不突出，这是我们的核心问题，甚至一些中高层人员对内外部环境也缺乏基本的了解，更谈不上共识了。有一些部门面对客户的抱怨无动于衷，相互扯皮。人力成本逐年大幅提高，但人效能力没有提高，员工满意度反而在下降；费用居高不下，利润在下降。每次开会，都对同样的问题相互推诿，一直没解决。这些到底是为什么？

近几年，我们存在几个方面的下降：盈利能力在下降、员工和客户对公司的认同度在下降、企业的创新能力和创新意识在下降。这就告诉我们，时间和空间不多了，改革是必需的，不变是不行的。

今天启动鹰计划，就是希望公司能建立并固化可持续发展的机制，为下一次飞跃打下良好的基础。要全体参与，全面提升，全体员工共享。

变革不是个人的问题，也不是个别部门的问题，是全体员工的事情，全体员工必须参与。

从个人角度讲，要提升素质、提升理念、提升能力、提高收入；从企业角度讲，无论是营运层面还是管理方面、机制方面、价值观理念，都要提升。

现在，我们没有时间、没有空间，必须改革。每位员工不要把变革当成公司的事情或领导的事情，要全体参与，而且每位员工必须支持变革。理由非常简单，不变就走不下去，只有变才有出路。

我把我对变革的想法告诉大家，希望今天的会议是公司发展史上的“遵义会议”，这次会议之后要推动整个公司的变革工程。

董事长的讲话让我想起华为公司总裁任正非在那篇著名的《华为的冬天》中说的：“公司所有员工是否考虑过，如果有一天，公司销售额下滑、利润下滑甚至会破产，我们怎么办？我们公司的太平时间太长了，在和平时期升的官太多了，这也许就是我们的灾难。泰坦尼克号也是在一片欢呼声中出的海。而且我相信，这一天一定会到来。面对这样的未来，我们怎样来处理，我们是不是思考过。我们好多员工盲目自豪，盲目乐观，如果想过的人太少，也许就快来临了。居安思危，不是危言耸听。”

我相信《我们必须再造，才能赢得未来》对再起飞公司具有同样重要的意义。

变革对每个企业来说都应该是常态性工作，如果变革让企业员工感到新鲜甚至害怕，那才是极不正常的。

第三章
战略梳理：制订清晰共识的目标

❶ 全体员工都要有战略意识

根据变革规划，整个工作的起点就是战略研讨会，希望通过 workshop 的形式，激发公司中高层对企业发展目标的深度思考，更加全面、客观地了解企业现状及存在的问题，了解行业发展趋势，改变中高层管理人员的思维模式，最终通过群策群力的方式确定企业发展战略和目标，并为各部门据此分解经营计划做准备。

战略需要管理层通过 workshop 充分研讨达成共识，在业务和职能分解制订过程中产生共鸣，最后使公司上下在执行时产生“共振”。

为了提高战略研讨会的质量，鹰计划执行办公室详细策划了战略研讨会流程及相应工具模板，并对中高层进行了培训。

有一天，董事长与我沟通变革的事情，他突然想到一件事情，让我看看他的手机。原来，他刚刚加入由公司营销部门建立的微信群，但没有公开身份，出了一个“小插曲”。

之前，他在机场看到竞争对手在大屏幕上做新产品广告，就随手拍了一张图片发到微信群里，结果出现了戏剧性的一幕。

董事长说：“竞争对手在上海浦东机场大屏幕做广告了。”

很快，有一个销售经理回复："我们早就知道了。"

过了一会儿，另一个销售经理回复："全体业务人员都知道了。"

又过了一会儿，又有一个销售经理回复："去年的新闻了，今天才播?"

估计所有的销售经理都认为这个陌生人肯定是一个什么也不懂的新销售人员。

看到自己的员工这样对待市场信息，董事长很震惊。其实，董事长也知道竞争对手有在机场做广告，但是这次广告的主题与最近行业新产品动向有关。

董事长又发了一条信息："几个主要的竞争对手到底花了多少费用？在哪些渠道做广告？通过哪些媒介做？对哪些产品做了营销？最后取得了什么品牌效果？我们一直说公司要从行业品牌向大众品牌升级，是否需要思考一下策略。"

很快，有销售经理回复了："我们投了浙江卫视广告，也会做一些促销活动。"言外之意，就是不要只看到竞争对手做了什么，其实，我们也有行动。

董事长完全没想到会得到这样的回应，就又发了一条消息："年底了，盘点下我们和竞争对手各自的优劣势，然后再看看明年如何取长补短，打击和超越竞争对手。"

很快，一个品牌经理又回复了："我们要考虑用最低的成本结合各种资源产生最大的效益。"同时，还附带一张广告照片，很显然，这位销售经理认为竞争对手在机场的做法很"傻瓜"，而对自己策划的广告活动的性价比深感自豪。

董事长压抑住心中的怒火："非常好的主意！如果这个是我们行业广告的战略位置，如果能做到，那真是超级强，大家可以讨论一下。全国这样的战略位置大概有多少？我们已经做了多少？其他品牌占多少？竞争对手在宣传什么产品？我们明年的占比预计是多少？差距是多少？重点区域在哪里？具体安排哪些人执行？每个季度完成多少？有哪些措施保障和监督？广告有多长时间，由谁定期检查并快速更换？"

也许是有人发现不对劲，就没人再回复了。

董事长对我说："我现在越来越意识到问题的严重性。很多员工沉浸在自己做了什么，从来不关心行业及市场发生了什么变化，这是非常危险的。"

我非常认同董事长的观点："所以，公司要全体员工树立战略意识，即所有员工都要面向外部而不是面向内部；要有经营意识，不能局限于部门或岗位职责。"

走出董事长办公室，边走边回味这个"小插曲"，很多企业都有类似的现象，很显然，这是企业机制退化的一个外在表现。

"金老师。"我正走着，营销中心李总从旁边的会议室里出来打招呼。

"怎么今天这么晚下班啊？"因为再起飞公司是17：30下班，这段时间，我经常在再起飞公司待着，发现每天17：45左右整个公司就已经人去楼空了，但现在过了19：00了，我感到有些奇怪。

"最近要准备战略研讨会，"李总说，"我负责营销战略研讨小组，我们组的每个人很晚了都还在加班。我认为，你们组织的这个战略研讨会真好，这么多年，各部门从来没有这么有激情地聚集在一起讨论问题。”

“大家群策群力，一起讨论企业发展策略的确很好。”我说道。

李总接着说：“金老师，你能否过来指导一下我们，我们在讨论时发现模板里的很多方法还是不清楚怎么用。”

我当然求之不得，赶紧说：“没问题。”

走进会议室，看到大家正在激烈地讨论，我也加入其中。我发现，大家对很多我一直认为应该熟知的战略分析工具（比如波士顿矩阵）很陌生。

“大家从来没用过吗？”我问。

好几个同事异口同声地说：“这么先进的东西，谁用过？”

看来，再起飞公司员工很少将科学管理工具应用到工作中。

我很乐意和大家一起分享，但为什么很多企业员工认为波士顿矩阵那么遥远呢？即使不知道波士顿矩阵这个名词，但工作中仍然需要从产品、区域等多个维度进行交叉分析，制订差异化的策略。难道员工从来不思考这些问题吗？

其实，这说明成长型企业中高层只习惯于执行，缺乏经营意识，这是成长型企业需要恶补的一课。

召开战略研讨会

10月28日8：30，战略研讨会准时在再起飞公司会议大厅举行。

按议程，首先由营销中心李总汇报。李总按模板要求先对内外部环境做了分析。可以看出，再起飞公司平时对行业及竞争对手的关注度极低，缺少量化的数据和分析，主要是做一些定性的描述。比如，针对竞争对手分析，仅提及“因为某竞争对手比我们早进入手机终端市场两年，比我们有先发优势，但路由设备方面的优势不如我们”。竞争对手在市场的优势的具体表现到底是什么？比如，市场占有率、渠道情况、区域情况、产品结构情况、产品特点及成本方面等，都没有任何支撑信息。

很明显，内外部环境及SWOT分析环节，营销中心的战略思考基本上就是交作业，这里有一些客观原因，比如，从来没有安排人员做行业研究，也没有安排销售人员在市场上采集竞争对手数据，而且是第一次接触这种分析方法。就我的经验而言，这绝对不是个别现象，很多成长型企业对市场及竞争对手缺少研究是通病，不重视系统作战能力是很多企业从“游击队”到“正规军”必须跨越的坎。

然后，李总围绕战略目标销售收入30亿元进行分解和策略阐述。首先对经营目标按事业部进行了分解。其中，10亿元分解到终端事业部，年增长率为 50%，主要策略：一是开拓 30 个新终端直营网点；二是提高单店销售能力；三是加强销售人员培训，提升销售能力。

我看了一下四周，大家好像并无异议，也许大家已经习惯并认可了这种分解方式，但我感觉问题很大，有必要做出提醒。

我问："去年增长率是多少？"

李总说："30%。"

我说："去年开拓了多少个新网点？"

李总说："15 个。"

我说："去年单店的销售额提升了多少？"

李总说："大概 10%。"

我说："建议大家再讨论一下，如果去年增长率为 30%，今年如果什么都不变，假设也能增长 30%，那么，另外的 20% 的增长率来自哪里？"

李总说："明年会加大开店的力度啊，并且提高单店的销售能力。"

我说："我不了解公司的具体情况，但我建议大家测算一下，确保策略的可实施性。比如，开拓 30 个新网点，平均每个新网点大概可以带来多大的增量。去年开发了 15 个新网点，这个行业开拓新网点的难度有多大？今年能否完成 30 个新网点的开发任务？"

我接着说："现有网点需要提升多少才能满足经营目标要求？毕竟单店短期销售额提升是有一定限度的。还有，把'加强销售人员培训'作为三大策略之一，那么，目前销售人员的能力是否是影响明年经营目标达成的核心要素？这些都需要思考。"

李总有点困惑："我制订这些策略肯定是思考过的。比如，开拓网点并不难，只要找到合适的合作商就行，反正这些网点不需要太大的投入，基本上都是合作商投入。”

董事长看到这里，也开始插话了：“我不这样看。开拓新网点，我们的投入是不大，但目前这个市场渠道开发得已经差不多了，好位置基本被瓜分完了。所以，能否找到那么多合适的网点本身就要打一个问号。如果找不到30个，经营目标就无法实现。即使明年能开拓30个新网点，还有一件事情需要思考，因为30个网点并不是一下子就能搞定的。所以，每个新网点对目标的贡献不一样。这三个策略的确很难有力、直接地支撑经营目标。”

很多人都在点头，若有所思，看来大家明白了，很多工作并不是想当然。这也是很多企业在制订计划时信心十足，但又很难完成任务，最后还认为各种困难是突发的且无法控制的客观原因。其实，很多策略从开始制订时就是错的，没有经过充分论证。

针对如何完成30亿元的目标，大家激烈地讨论着，不断产生新创意。有人提出：“如果要实现50%的增长率，就必须采取非常规手段，比如，明年是否考虑开拓一个新渠道?”还有人提出：“要实现渠道下沉，深挖三四线城市代理商，竞争对手已经这样做了，效果不错。”在我的引导下，大家开始讨论根据不同的区域市场，明确不同的定位并且制订不同的策略，而以前的再起飞公司从来不会对不同区域市场采取不同的策略。看得出来，大家非常高兴，为有这么多好的突破性思路而兴奋。

本来按时间规划，第一天讨论三个核心部门的目标，但没想到，大家思路打开后非常投入，讨论异常激烈。已经到了下班时间，大家兴致还很高，董事长直接让食堂送盒饭到会议室，短暂休息后，大家继续讨论，没想到第一天会议讨论到23：30，而且仅仅讨论了一个部门的目标。但收获非常大，基本上围绕营销涉及的渠道、组织、促销、政策、产品、考核、人才等讨论，并就关键策略达成共识。

接下来，大家围绕其他各职能战略进行了研讨，本来预计两天的战略研讨会，最后总共花了三天半的时间才结束，而且董事长特别为此推掉了几个应酬。

战略研讨会临近结束，董事长说："往年，我们也要求每个部门根据公司的经营目标制订部门计划，但从来没有像今天这样讨论过。当然，也从来没意识到这样做的必要性和价值。这次研讨会非常成功，我对明年的目标非常有信心。"

③
战略制订 VS 战略执行

通过战略研讨会，公司中高层研讨战略目标达成的方法并达成共识。但战略研讨会主要是决定“做什么、不做什么，以及公司层级的核心策略”，要想让这些核心策略落地，需要分解形成部门级策略并回答怎么做。

值得警惕的是，很多快速成长型企业，包括再起飞公司，在战略研讨会结束后，习惯直接交给某个部门。比如，战略发展部把研讨会形成的大方向作为行动计划，整理并打印出来，就认为已经完成了公司的年度经营计划。实际情况则是，这仅仅是经营计划的起点，公司每年的核心战略举措只是为公司及各部门制订经营计划指明了方向。

所以，这里我就两个概念做一些阐述和说明，即战略制订和战略执行哪个更重要？

观点一：战略制订更重要

瑞士洛桑国际管理学院（IMD）战略及国际管理教授罗森维在一篇文章中专门说明了战略制订和战略执行的关系，并强调战略制订的重要性，他的核心观点如下。

（1）战略的本质和意义在于做出异于竞争对手的决策。比如，在这些市场内竞争但放弃哪些市场，推出这些活动否决哪些活动，在质量、成本、客服方面选择一个与竞争对手有差异的定位。确定决策后，公司调动人力、物力执行决策。因为战略的关键是要异于竞争对手，所以，战略的基本性质是差异性。

（2）执行在性质上是趋同的，因为大多数公司都在做基本相同的事情。它们都希望产品质量过硬、顾客满意度高、营运资金高效运转、产品开发周期缩短，确实，不同公司在这些方面参差不齐，但大多数公司都尽力朝这几个目标努力，而且公司在努力提高执行能力的时候，往往在行为上趋同。

（3）究竟哪个对公司的业绩影响更大？战略还是执行？答案是战略，因为战略是不同的。换言之，公司总体表现的差异往往是由战略而不是执行造成的，公司之间的不同在于战略，而执行却大同小异。公司的成败主要取决于战略选择，尽管战略选择具有偶然性，往往仅涉及少数管理团队的成员。

观点二：战略执行更重要

有关战略执行的重要性，很多机构及个人也表达了见解。

（1）在20世纪90年代早期，ABB连续几年被评为世界最佳公司，巴尼维克也被誉为领导天才，外界纷纷称赞其卓越的战略造就了ABB。“胡说，”他反驳道，巴尼维克的话简洁明了，“在商界，成功只有10%是基于战略，90%在于执行。”

（2）卡洛斯·戈恩担任总裁，让奄奄一息的日产起死回生。日本著名的管理大师大前研一先生在其《思考的技术》一书中表达了对此事的观点："戈恩先生只是做了他该做的事。利润不够是因为生产成本太高，请降低生产成本！要精减人事费用请裁员！戈恩先生接任日产首席执行官，对日产进行重整时，从日产当时的情况判断，戈恩先生会这么做是理所当然的。他最引人瞩目的不是日产改革的内容，而是他强大的执行力。"

（3）美国《财富》杂志在调查中发现："多数情况下，估计为70%，企业问题并不是因为战略本身不好，而是因为战略执行得不好。"

（4）中国领先的"管理＋IT"咨询公司——AMT的高级副总裁侯波先生曾为众多企业提供战略及运营咨询服务，他曾经在其微博上就这个问题表达过非常精彩的见解："战略是手艺活。战术和战略正如天下本无路，走的人多了就成了路。路是走出来，战略也是执行出来的，茫茫黑夜中虽无正确方向，只要不掉沟里，踏实地走下去便有机会到达有曙光的地方，战术做到位就会转化成战略。"

我给很多企业做过服务，根据我的观察，特别是快速成长型企业，企业家往往对行业发展保持高度的敏感度并能做出优异且准确的战略，或者说战略一直就在老板的脑袋里。但是，他们普遍对"战略怎样才能被执行好"一筹莫展。

在这里，我想讲一个经历过的故事。

有一次，我给国内某知名企业提供咨询服务，它是一家手机分销企业。公司的副总裁和事业部总经理一起参加某知名手机制造商的分销大会，分销大会的核心工作之一就是确定来年各分销商的市场份额。该公司副总裁和事业部总经理信心十足，因为在手机制造商产品的分销份额中，该公司在几家分销商里一直居于首位。所以，按照往年的规则，来年的分销份额也应该是第一位的且略有上浮。最后公布的结果让该公司副总裁和事业部总经理大跌眼镜，分销份额不但没上升而且降低了20%。

原来，分销份额切分标准发生了重大变化，增加了客户满意度指标权重，得分的来源就是手机厂商委托第三方机构向分销商的下游代理商客户电话调研及现场评估，该公司得分最低，特别是在配送效率、交易便利性方面。市场份额的丢失对公司造成了恶劣的影响，所以在来年的战略研讨会上，公司制订的三大核心战略举措之一就是提高客户满意度，并在公司年会及各类经营会议上不断强调各部门要加强对客户的重视程度。但半年过去了，厂商再次公布的客户满意度调查结果显示，该公司得分仍然是最低的。

我问公司副总裁："公司已经制订了提高客户满意度的战略举措，为什么没效果？"

公司副总裁说："最重要的原因是基础差，各方面存在差距，比如，IT系统、配送等，没那么快改善。"

我问："今年上半年围绕客户做了哪些改善工作呢？"

"我们专门成立了一个效率提升小组，并招聘了一个经理专门负责此事。”公司副总裁肯定地说。

“具体做了什么？”我问道。

“好像是围绕与客户相关的一些流程做优化吧，”公司副总裁有点不肯定地说，“我给你叫来效率提升小组的组长。”

很快，效率提升小组的组长就赶过来了。

我问效率提升小组组长：“围绕客户满意度，目前主要开展哪些工作？”

他说：“思路是先梳理流程，发现其中一些改善点进行优化。”

我接着问：“目前有哪些改善？”

他说：“我刚来公司不久，流程刚刚梳理了一遍，暂时还没有做优化。”

我问：“效率小组有哪些人啊？”

他说：“现在还处于流程梳理阶段，所以，暂时由我这边的一个人负责，后期可能需要其他部门人员参与。”

说到这里，我已经知道了问题所在。

其实，解决战略落地问题的逻辑并不复杂，但很多企业领导者都高估了自己的权威，认为自己一声令下，大家都会执行，实际上并不是这样。比如，这家公司的三大战略举措之一——提升客户满意度本身是对的，但战略执行方面存在问题。提升客户满意度被等同于流程梳理，而且执行的目标、差距、组织、机制、方法、时间等都没有明确和细化。

就这家公司而言，解决客户满意度的问题，首要的工作是结合手机厂商客户满意度评估模型确定衡量指标，比如，端到端时效等具体指标。然后，分析本公司在客户价值链流程中各环节的时效情况，比如，订单接收、订单审批、仓储配货、物流配送、签收等，了解时效的短板及目标要求，分析具体的问题及原因，看是流程设计的问题还是资源配置问题或其他问题。成立专项问题团队解决这些问题，才能实现端到端时效的目标。

我服务的另一家公司的人力资源经理的困惑也很有代表性。有一次，她对我说："我现在跟你说一个公司常见的现象，你看到底是什么原因、如何解决。比如，今年年初给营销中心新定了一个有关'解决方案销售收入5000万元'的年度考核指标，目的是实现公司从提供产品到提供解决方案的经营战略转型。但年底了，营销中心总经理过来跟我说，年底考核是否可以把该指标取消。因为现在公司内部还没有解决方案定义的统一标准，而且这些事情也不是一个部门能搞定的，也缺少资源。你说应该如何处理呢？"

我问："年初制订这个指标时，营销中心总经理为什么不提出异议？"

人力资源经理说："这个指标是年初老板直接指派给营销中心的，当时大家都认可啊，也没提出异议。"

"一年内，大家就没就这个问题沟通过吗？"我很疑惑。

人力资源经理说："老板不喜欢开大会，喜欢一对一、单个部门沟通。老板认为开会也没什么意思，都是一些扯皮的事情，还不如直接和个别部门沟通有效率。"

从大的层面讲，战略制订是定方向，战略执行是解决战略落地的路径和实施问题，两者相辅相成、缺一不可。所以，也许战略制订和战略执行哪个更重要是一个伪命题，因为战略方向选择错误或摇摆不定导致失败的公司不计其数。同时，因战略最终未能有效执行（可笑的是，这种情况下的失败往往会被错怪为战略制订出现了错误）导致衰落的公司也比比皆是。

毫无疑问，在好的战略制订前提下，如果不重视战略执行，战略无法真正落地，而且战略执行本身就是发现既定战略问题，以及调整甚至重新制订新战略方向的过程，应引起企业高层的重视。

定战略不谈目标、定目标不谈策略、定策略不谈计划、定计划不谈标准、定标准不谈责任人、定责任人却不检查、定检查却与绩效无关，这是很多成长型企业出现的现象，最终导致执行力差。

我非常欣赏和认同 AMT 咨询高级副总裁侯波先生说的那句话：“战略是手艺活。”

第四章
经营计划：承接战略的行动路径

❶ 从战略到经营计划

如果把战略研讨会看成务虚会，主要由公司高层就“公司明年做什么、不做什么，以及部分层级的核心策略”达成共识，那么，经营计划制订就是务实会，要解决“分解形成部门级策略，回答怎么做并匹配具体资源”的问题。

从战略规划到经营计划，我推荐的工具是 OGSM。O 代表目的、G 代表目标、S 代表策略、M 代表衡量指标，其实，OGSM 理论并不深奥，比如，很多成长型企业即使没听说过 OGSM，内部也会做工作计划，而工作计划表一般也包括工作项、工作目标等基本元素。

OGSM 就是一个有利于把问题说明白的工具，让公司上下形成统一的语言和思维模式。当大家讨论工作计划时，每个建议至少从四个维度回答问题，即为什么做这件事、最终要实现什么可量化的目标、为了达成这个目标需要制订哪几个策略、有效达成目标的衡量指标是什么。如果你能很清楚地回答这几个问题，我们可以默认你对某个问题已经进行了较为严谨的思考。

再简单的工具在企业内部一旦形成标准语言，威力也是巨大的。很多企业，当问一个部门负责人明年计划的时候，很多人都胸有成竹，但当要求按照 OGSM 的模式描述计划时，他可能感觉很难，为什么？是他不善于文字表达？抑或是不善于使用 OGSM？不！说明他根本没有清晰的、系统的想法，可能仅仅根据感觉想到了方向及核心举措，还没有精确地分析现状及问题，也没有找到核心问题。所以，他根本没有清晰的目的、目标，也没有达到这些目标的时间，这些要素之间的逻辑是模糊的、不严谨的，不知道在有限的资源下哪些是核心要素、应该放弃哪些要素，这恰恰是 OGSM 真正的作用。

我们身边都会有一些剩男剩女，当然没有歧视的意思，每个人的选择都应当受到尊重，只是部分剩男剩女可能不是个人选择，而是无奈。

每当聚会时，大家都会关心周围朋友的最新进展，最常见的回答是“平时工作忙，接触的异性朋友又比较少，以后多努力”。但下次聚会时，状态依旧。

很多人都把未能找到人生另一半的原因归结为工作环境，导致无法接触到足够多的可选择的对象。这个理由当然是对的，但在生活或工作中，大多数人往往止步于此。

我有一个朋友，他也是一个剩男，平时接触的女性不多。但他去年取得了突破，因为他做了一个重要的改变。

他给自己定下年内一定要找到女朋友的目标，然后，他对这个目标进行了详细的分解。首先，要找到女朋友，必须有足够多的接触机会，这个大家都可以想到，他的厉害之处就是继续向下分解。

如何获得足够多的接触机会呢？他想到几个渠道，比如，父母介绍、朋友介绍、同事介绍、世纪佳缘网和百合网、聚会等。其中，针对世纪佳缘网，他又制订了执行计划，他从网站上下载了大量的女生信息，然后分门别类，比如，温柔型、职业女性、长发、短发等，根据每种类别，写了几个交友邮件模板，每天确保发出 5 封邮件。哪怕仅有5%的女生感兴趣，也会有一定的交往对象。

结果出乎意料，女生名册还没发送完，他已经获得了好几个女生的交往机会，并在半年后确定了女朋友。女朋友不仅漂亮、气质佳，还有一份不错的工作。

从这个故事中，你可以得到什么启发吗？无论是生活还是工作，大家往往缺乏这种围绕目标层层分解的意识。

在制订年度计划时，OGSM 会强迫大家对一些想法做系统化的梳理，直观、有效地帮助你预先检视自己的计划。看起来是一种形式，实际上不是，它甚至就是内容本身。如果想不清楚就一定说不清楚，说不清楚就一定做不清楚，OGSM 就是帮你先想清楚。

OGSM 的应用还必须遵循一个逻辑：上一级的策略和衡量指标对应下一级目的和目标（如图 4－1 所示）。公司战略研讨会确定了公司/总经理的 OGSM，各部门都要根据公司的 OGSM 分解、制订本部门的 OGSM，层层分解，从而确保上下策略的一致性。

表 4－1 为再起飞公司战略研讨会的产出——公司/总经理的 OGSM。

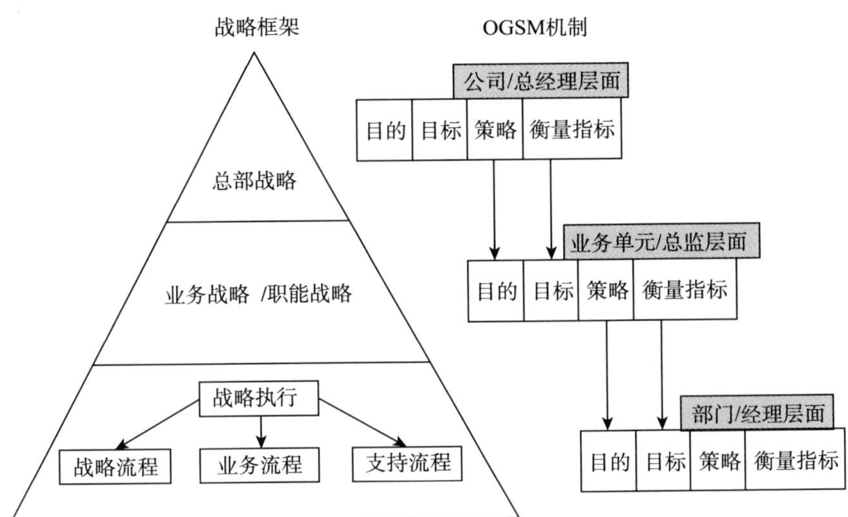

图 4－1　OGSM 上下分解结构

表 4－1　公司/总经理的 OGSM

公司整体目标			1. 销售收入____亿元，其中，国内营销____亿元，国际营销____亿元 2. 利润总额____亿元，其中，国内营销____亿元，国际营销____亿元		
NO.	O（目的）	G（目标）	S（策略）	M（衡量指标）	责任副总/部门
1	做行业领先品牌	销售收入__亿元，其中国内__亿元，国际__亿元	产品梳理规划，确保产品清晰定位		营销部门
			渠道模式优化，丰富除直营代理其他模式，同时新增特定产品渠道模式设计		营销部门
			提升渠道覆盖度		营销部门
			健全和优化工程模式，提升工程类订单的占比		营销部门
			通过优化渠道政策加强对经销商引导		营销部门
			确保产能提升__%		生产部门

续表

公司整体目标			1. 销售收入____亿元，其中，国内营销____亿元，国际营销____亿元 2. 利润总额____亿元，其中，国内营销____亿元，国际营销____亿元		
NO.	O（目的）	G（目标）	S（策略）	M（衡量指标）	责任副总/部门
1	做行业领先品牌	单价__元，利润率__%	确保按产品规划的结果保证各产品系列的销售比例		营销部门
			根据产品规划的结果改变与渠道的合作模式和考核要求		营销部门
			确保几大战略产品的销售比例：A 系列销售占比__%，确保行业占有率第一，B 系列销售占比__%		营销部门、研发部门、生产部门
2	持续提升运营效率	产品平均成本降低__%，管理费用降低__%，营销费用降低__%，财务费用降低__%	提升销售计划的准确性		营销部门、生产部门
			提高人均效能		各部门
			降低管理费用		各部门
			降低生产成本		生产部门
			降低营销费用		营销部门
			提升资本投资回报率		财务部门
			改善库存结构，提高库存周转速度		营销部门、生产部门、战略及运营部门
			提升新运营模式的 IT 支撑能力		战略及运营部门、财务部门、营销部门、生产部门
3	保证公司品质力	提高优品率__%	外协纳入公司品保体系		品质部门
			成立 QC 小组，解决公司核心品质问题，同时匹配激励机制		品质部门、战略及运营部门、研发部门、生产部门

续表

<table>
<tr><td colspan="3">公司整体目标</td><td colspan="3">1. 销售收入____亿元，其中，国内营销____亿元，国际营销____亿元
2. 利润总额____亿元，其中，国内营销____亿元，国际营销____亿元</td></tr>
<tr><td>NO.</td><td>O（目的）</td><td>G（目标）</td><td>S（策略）</td><td>M（衡量指标）</td><td>责任副总/部门</td></tr>
<tr><td rowspan="3">4</td><td rowspan="3">提升客户服务水平</td><td rowspan="3">提高客户满意度__%</td><td>提高订单及时交货率</td><td></td><td>营销部门、生产部门、研发部门</td></tr>
<tr><td>建立服务督导体系</td><td></td><td>营销部门</td></tr>
<tr><td>建立客户服务体系，制订渠道运营标准化手册</td><td></td><td>营销部门</td></tr>
<tr><td rowspan="4">5</td><td rowspan="4">持续打造产品力，保持产品研发的行业领先地位</td><td rowspan="4">新产品销售比例为__%</td><td>建立一体化的新产品研发模式</td><td></td><td>战略及运营部门、营销部门、研发部门、生产部门、品质部门</td></tr>
<tr><td>确保战略产品按计划研发完成</td><td></td><td>研发部门</td></tr>
<tr><td>展厅设计全面升级</td><td></td><td>营销部门</td></tr>
<tr><td>核心技术人才的引入和培养</td><td></td><td>研发部门、人力资源部门、生产部门</td></tr>
<tr><td rowspan="8">6</td><td rowspan="8">搭建有活力、可持续的平台</td><td rowspan="8">机制优化</td><td>试行虚拟利润部门模式</td><td></td><td>战略及运营部门、财务部门、营销部门、生产部门</td></tr>
<tr><td>导入项目制管理创新模式</td><td></td><td>战略及运营部门</td></tr>
<tr><td>中高层薪酬结构及绩效方案优化</td><td></td><td>战略及运营部门、人力资源部门</td></tr>
<tr><td>一线员工绩效方案优化</td><td></td><td>人力资源部门、战略及运营部门、生产部门、营销部门</td></tr>
<tr><td>组织架构优化及岗位职级体系设计</td><td></td><td>战略及运营部门、人力资源部门</td></tr>
<tr><td>管控授权体系梳理和优化</td><td></td><td>战略及运营部门</td></tr>
<tr><td>重塑企业价值观</td><td></td><td>战略及运营部门</td></tr>
<tr><td>中高层领导力提升</td><td></td><td>战略及运营部门、人力资源部门</td></tr>
</table>

我在给再起飞公司提供服务时，经常被问到一个问题，目标和衡量指标的关系是什么？可以简单地理解为一对多的关系，比如，销售目标是30亿元，这家公司有三大业务，每个业务的销售目标是多少？另外，目标转换的关系，比如，销售目标是30亿元，这个目标可以分解为多个重要举措，举措之一可能是增加call in线索的数量，针对这个举措的衡量指标显然无法直接用金额表达，可以用call in线索的数量作为衡量指标。

在分解OGSM时，营销部门的OGSM要先于生产部门和职能部门完成（如图4－2所示），因为这是龙头，营销部门的OGSM对产能、人力等方面提出了要求。

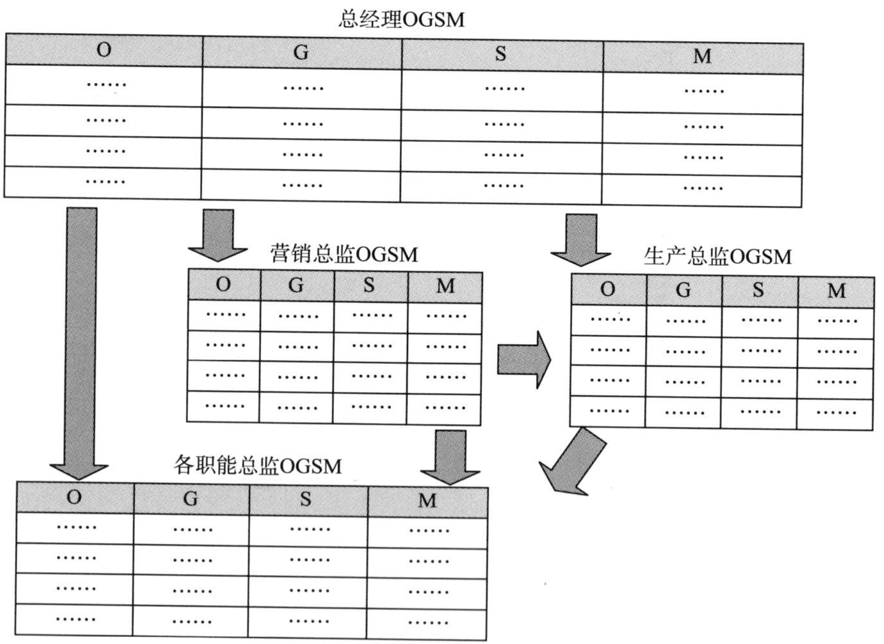

图4－2　各部门OGSM分解逻辑

在给再起飞公司做辅导的过程中，大家疑惑的问题还有：之前每个部门的工作计划都是各个部门自己制订的，但现在需要横向协同，不明白如何做到。

各部门制订 OGSM 并不是闭门造车，是需要各部门针对核心问题召开专题研讨会才能确定的，比如，营销部门的 OGSM 首先要考虑产品规划的结果。所以，在经营计划的初期，公司就会召开由总经理、研发部门、营销部门、生产部门、战略部门、财务部门共同参与的产品规划研讨会。这个研讨会的结果会给每个部门提供帮助，比如，营销部门可以制订产品导向的业务计划和策略、研发部门可以制订具体的研发计划、生产部门可以制订生产规划和生产线调整计划等。

所以，虽然各部门在制订 OGSM 过程中有一定的逻辑承接关系，但制订过程中会有很多 workshop 针对核心跨部门目标进行研讨，各部门最终完成的 OGSM 如表 4－2 所示。

表 4－2　部门 OGSM

来源	NO.	O（目的）	G（目标）	差距分析		S（策略）	M（衡量指标）	T（重点工作）	重要度	责任人	协作部门	完成时间
				存在的问题	原因分析							
公司OGSM												

续表

来源	NO.	O（目的）	G（目标）	差距分析		S（策略）	M（衡量指标）	T（重点工作）	重要度	责任人	协作部门	完成时间
				存在的问题	原因分析							
部门职责及重点工作												

部门 OGSM 格式与 OGSM 四要素有什么不同？OGSM 是策略分解工具，但经营计划要具体到行动举措。一般在具体使用 OGSM 的时候会把行动举措相关的要素直接对应上去，以提高工具的可落地性。

来源：上一级部门的 OGSM 往往都是一些核心策略，不可能面面俱到。所以，下一级部门 OGSM 除了承接上级部门 OGSM 外，还要承接其他部门职责。比如，公司 OGSM 可能对绩效模式提出核心策略，人力资源部门的 OGSM 显然不能仅仅分解绩效方面的工作，还要对招聘等工作做部署。

重点工作，Tactics：重点工作是 S（策略）的行动举措。策略侧重方向选择，而行动举措重视具体工作描述。比如，有一个策略是加强人才梯队的战略储备，重点工作之一就是启动校园招聘工作。然后，明确校园招聘工作的责任人、协作部门、完成时间、资源、预算。

重要度排序：每个部门都有很多的策略及重点工作，所以，一定要标识这些工作的重要度，以便使下属单位清楚工作方向和重心。

除了 OGSM 表，特别是业务部门还需要制订更具体的业务计划。比如，营销部门需要制订客户维度的销售计划、产品维度的销售计划、促销活动计划、渠道建设计划、培训学习计划等，生产部门则要制订生产计划、技改计划、固定资产投资计划等。

最后，每个部门都需要说明本部门新的组织架构及人力资源需求计划（如表4－3所示），但一定要体现与经营计划导向及核心举措的一致性。

表4－3　组织架构与人力资源需求计划

<table>
<tr><td colspan="16">部门组织架构</td></tr>
<tr><td colspan="16">岗位设置及编制：　岗位设置及编制：　岗位设置及编制：</td></tr>
<tr><td colspan="16">组织职责调整及说明：</td></tr>
<tr><td colspan="16">××××年部门人力资源需求计划</td></tr>
<tr><td rowspan="2">年 月
人 数
岗位</td><td rowspan="2">去年实际人数</td><td colspan="13">每月人数/增加</td><td rowspan="2">备注</td></tr>
<tr><td>1月</td><td>2月</td><td>3月</td><td>4月</td><td>5月</td><td>6月</td><td>7月</td><td>8月</td><td>9月</td><td>10月</td><td>11月</td><td>12月</td><td>月均人数</td></tr>
<tr><td></td><td></td><td></td><td></td><td></td><td></td><td></td><td></td><td></td><td></td><td></td><td></td><td></td><td></td><td></td><td></td></tr>
<tr><td></td><td></td><td></td><td></td><td></td><td></td><td></td><td></td><td></td><td></td><td></td><td></td><td></td><td></td><td></td><td></td></tr>
<tr><td></td><td></td><td></td><td></td><td></td><td></td><td></td><td></td><td></td><td></td><td></td><td></td><td></td><td></td><td></td><td></td></tr>
<tr><td></td><td></td><td></td><td></td><td></td><td></td><td></td><td></td><td></td><td></td><td></td><td></td><td></td><td></td><td></td><td></td></tr>
<tr><td></td><td></td><td></td><td></td><td></td><td></td><td></td><td></td><td></td><td></td><td></td><td></td><td></td><td></td><td></td><td></td></tr>
<tr><td></td><td></td><td></td><td></td><td></td><td></td><td></td><td></td><td></td><td></td><td></td><td></td><td></td><td></td><td></td><td></td></tr>
<tr><td></td><td></td><td></td><td></td><td></td><td></td><td></td><td></td><td></td><td></td><td></td><td></td><td></td><td></td><td></td><td></td></tr>
<tr><td>合计</td><td></td><td></td><td></td><td></td><td></td><td></td><td></td><td></td><td></td><td></td><td></td><td></td><td></td><td></td><td></td></tr>
</table>

❷
“两下两上”做经营计划

通过研讨会的方式，我给再起飞公司的所有中高层做了经营计划制订方法及工具的培训，但执行并非一帆风顺，遇到的问题有些出乎意料。

11 月 5 日，年度经营计划制订委员会根据战略务虚会的结果把公司/总经理的 OGSM 下发给各部门分解，同时要求各部门上报本部门开展经营计划制订的时间，以便项目组参与并提供指导。

截至 11 月 10 日，除了少数几个部门回复外，其他部门迟迟未见答复，包括经营计划的龙头牵引部门——营销中心。所以，战略发展部的刘总与我找到营销中心的李总询问工作进展情况。

李总的回答多少让我有点意外：“我收到通知了，但年底有很多事情要处理，还没顾得上。”

刘总说：“这项工作也很重要，时间还是比较紧的，而且其他部门等着承接你们的计划呢。”

李总说：“我已经吩咐助理先按照表格做了，完成初稿后，我再看看。”

……

很多企业在导入经营计划方法时，都会出现类似的现象。

现象一：没时间做

虽然这个理由有点无厘头，但这是很多企业成功导入经营计划方法时最大的障碍之一。在讲经营计划方法时，公司所有的中高层都听得津津有味，而且兴致高涨。一旦需要大家行动，就会出现这种情况。

有两个原因：

（1）公司没有评估新方法导入所需要的时间和精力，在公司内部工作安排方面并没有做出特别的“承诺”和“强要求”。

（2）没有意识到新工具的导入对公司大范围内工作方式改变带来的阻力。

现象二：安排人直接搞定

对于年度经营计划制订工作，很多公司中高层经理团队就像再起飞公司一样，直接安排助理起草，自己审核一下就认为万事大吉了，这是错的。

年度经营计划制订的重要产出不仅仅是最终完成新表格的填写工作，不可抱着交差的心态做这项工作，重要的是制订的过程。否则，因为缺乏上下充分的沟通，经营计划根本无法起到牵引作用。

实际上，经营计划制订过程至少是“两下两上”的过程（如图 4－3 所示），第一次导入此工具的企业甚至还不止两次。

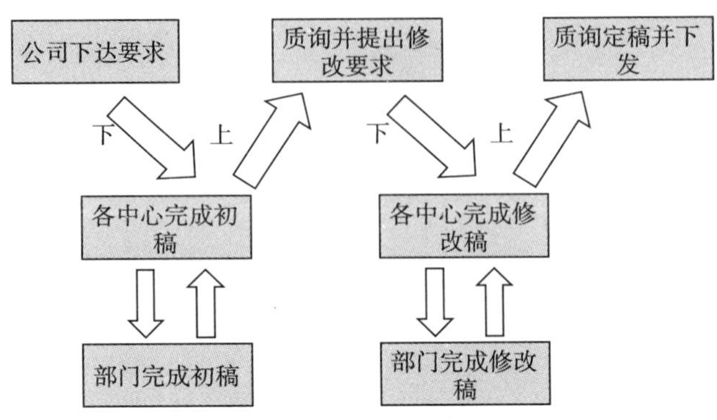

图 4-3 “两下两上”做经营计划

公司提出总体目标和要求，各中心在此基础上分解和补充中心目标和要求，然后交由各部门通过研讨会的形式完成具体经营计划的制订工作。部门完成经营计划后，中心内部召开经营计划研讨会，最终形成本中心经营计划，公司层面召开经营计划质询会并提出修改建议。最后，各中心、部门再重复按照上面的步骤进行第二次编制。

在制订经营计划的过程中，上级部门应先提出简单的要求和方向，不应直接告诉下级部门如何做，先由下级部门根据对上级部门要求的理解，完成本部门经营计划的制订工作，然后上下级部门召开研讨会。

研讨过程：下级部门充分说明自己对上级部门要求的理解，这样有利于上级部门明白下级部门是如何理解和思考自己的要求的，是否存在理解偏差，或者说自己的要求够不够具体。然后，下级部门解释经营计划是如何完成这些目标的，在过程中，上级部门尽量多一些质询，少直接给出答案。比如，多问几个为什么：为什么这个策略可以完成这个目标？策略可实现吗？有量化数字支持吗？有什么制约条件？和研发部门达成一致了吗？这样一来，上下部门会对目标、策略、实施路径、关键控制点、风险及控制等达成共识。

“两下两上”制订经营计划的重要性在于：

（1）确保上下部门达成共识。

（2）激发下属的主观能动性，而不是唯命是从。

（3）只有自己制订并理解的计划，才能保证执行力。

（4）提升经理团队经营意识和能力的重要手段。

新管理方法的导入，难的不是方法本身，而是形成新工作模式的过程，这是对原有工作习惯的破坏，在导入的整个过程中会面临诸多障碍。最重要的是，企业能否提前认识到这些问题并直面问题。

当刘总和我向董事长说明了我们对这项工作的担心后，幸运的是董事长也意识到这个问题的严重性，马上召开了中高层会议强调这项工作的重要性，并现场由各部门确定工作开展的时间计划。

根据各部门的工作时间表，我和咨询团队参与各部门经营计划研讨会。

有些人经常问我：“为什么新管理工具导入有必要请咨询公司帮忙？”我们不妨看看再起飞公司导入经营计划管理工具的过程，咨询公司有两个重要作用。

（1）第三方角色

因为咨询公司是局外人，所谓：“外来的和尚好念经。”所以，我们不用过于顾忌内部职级等问题，按照本来的工作计划督促和监控进度和质量并提出建议。比如，发现有些部门不及时开展工作，咨询公司可以和各个部门当面沟通，并借助公司领导的力量推动。如果是公司内部组织常见的处理方式——发邮件通知大家尽快开展工作，结果是各部门赶在最后时刻匆忙提交一个由助理直接编制的经营计划，可能连部门经营计划研讨会都省略了。

在部门内部讨论经营计划时，一旦发现研讨主题偏离了方向，咨询公司可以直接提醒“这个问题可能不属于本次讨论的范畴，最好放到以后制订具体工作计划时讨论”，或者提醒“今天讨论三个问题，现在还有一个议题没讨论”，还可以提醒“这些策略分解并不能支撑目标”等。如果是公司内部人员（比如战略发展部的刘总）推进这项工作，往往就不便对各部门的要求过于严格，就成了面子工程。在研讨会上，如果是部门负责人偏离主题或者策略无法支撑目标，可能没有人敢站出来打断。

（2）专业指导

新的管理工具导入涉及很多专业知识、工具和方法，也会有很多经验教训。所以，咨询公司协助的好处就是可以提供相对完善的方法，可以避免走一些不必要的弯路。

在举办年度经营计划课程培训时，公司中高层也参加了。部门在制订经营计划时，还会有很多主管级核心骨干员工参加。所以，咨询公司可以在各部门研讨经营计划时，抽出半个小时的时间讲解一些方法和工具。培训时，大家可能认为已经掌握了方法，但用的时候发现还有很多细节没理解。培训时，可能会讲策略的分解要突出重点，但具体到某个部门的某项重点工作，这句话如何理解呢？只有在讨论具体业务的过程中，咨询顾问及时解答大家的疑问，方法才能真正被掌握。

在各个部门经营计划的分解逻辑上，咨询顾问都可以给出一些建议。比如，生产部门的经营计划至少要考虑哪几个要素，品牌部门的经营计划至少包含哪几个部分等。另外，从分解逻辑上，咨询顾问也可以把关，如每个层级分解的策略是否完整、能否有力支撑等。咨询顾问可以引导各部门的思路，比如，“大家先抛开已制订的计划，不要陷入细节，先讨论一下，完成这个目标的核心要素是什么？”

经过多轮指导，11 月 15 日终于完成了最后一个部门的指导，按计划，各部门应在 12 月 5 日提交经营计划初稿，很让人期待。

③ 经营计划质询会

在对再起飞公司各部门做辅导的过程中，我发现，有些部门对如何制订经营计划很感兴趣，而且理解得也很到位；有些部门则抱着观望、交功课的心态。

随着各部门提交年度计划截止日期一天天逼近，我愈发担心各部门能否及时提交、提交的质量能否达到要求。

最终，我担心的事情还是发生了。11 月 30 日，只有两个部门向战略发展部提交了部门经营计划，我最不想看到的，也是很多成长型企业经常发生的事情还是没能避免。

我仔细看了提交上来的部门经营计划，可谓喜忧参半。其中一个部门写得相当不错，无论从完整性上还是从逻辑性上都非常不错，但另一个部门写得只能用不堪入目来形容了。

战略发展部的刘总安排人与各部门沟通工作进度后，了解到的情况比想象中的严重，竟然有一半左右的部门刚开始写。之前专门对各部门做了培训，但因为工作忙等，很多部门并没有真正推进或者进度很慢。虽然每次跟进时，各部门都回答在推进，但是很多部门仅仅希望“抱佛脚”。

我赶紧与战略发展部的刘总讨论对策，最终，我们决定请董事长开会督促和强调此项工作。

12 月 1 日，董事长紧急召开了由各部门负责人参加的年度经营计划工作推进会，一一审核各个部门当前的进度，对进度严重落后的部门提出了批评。

让我深感意外的是，在这次会议上，有几个部门竟然对如何开展这项工作提出了很多疑问，就好像之前压根就不知道这件事，也没有接受过培训和指导一样。这反映了这些部门交功课的心态，其实，制订经营计划是每个部门最应该关心的事情。很多企业和部门天天忙于救火，但从来不愿意多花一点时间做好计划。大家都没有完全理解重要的是制订经营计划的过程，而不是最终向经营计划委员会提交一个报告，这说明一些部门没有完全理解制订经营计划的必要性和重要性。

幸好发现得及时，通过密集地参与和指导各部门的经营计划制订会，虽有所延迟，但所有部门最终赶在 12 月 9 日完成了经营计划书。

年度经营计划质询会安排在 12 月 12 日举行。质询会的目的是对各中心的年度经营计划进行质询、提出修改意见，确保各中心的经营目标切实可行，保证实现公司整体战略目标。

质询会的参与人员包括总经理、各分管副总经理、各中心/部门领导。这里需要说明的是，很多企业喜欢总经理单独与各个部门讨论计划，其实，这是错的，因为企业运转不是靠各部门与总经理单点联系再转达实现的。所有中高层共同讨论各部门计划的好处如下。

（1）便于各部门了解其他部门的工作思路和计划，有利于站在公司全局思考问题。

（2）了解各部门对本部门工作的要求，完善本部门计划。

（3）对其他部门的计划提出建议。

（4）对各部门需要协同的事项达成共识。

（5）营造群策群力的文化氛围。

在正式开始质询会前，我先讲了几个会议原则。

第一个原则：质询对事不对人。

第二个原则：质询及应答要以事实和数据为基础。

第三个原则：与会人员对各部门的经营计划都有质询权，总经理有最终决策权。

第四个原则：领导多一些质询，尽量不要直接给出建议。

第五个原则：质询要有结论，理清需要跟进的各项事宜并明确责任人和完成时间。

质询会的开展方法与战略研讨会的模式差不多，只是在具体的讨论内容等方面有差异而已。所以，具体的工作开展过程，我就不再重复说明了。

最终，再起飞公司花了三天半的时间完成了各部门年度经营计划的质询工作。整个质询会收获颇丰，通过不断地质询和应答，很多工作在公司与部门之间达成共识，并且创新了很多工作思路和方法。

为了营造群策群力的氛围，三天里实行聚餐制，并且约好所有中高层以后每月聚餐一次。这个小小的举措非常好，没有交流的中高层团队是无法保证战斗力的。

当然，在整个质询的过程中，也发现了很多问题。

（1）计划没有体现战略导向。比如，公司战略导向是提升客户满意度，但工作计划完全看不到有关提高客户满意度的措施。

（2）计划制订的方法存在问题。有几个部门的经营计划明显是助理完成的，部门内部并没有对整个计划充分讨论并达成一致。可想而知，这样的计划下发后会产生什么结果。

（3）计划太多，没有体现重点。有一个事业部竟然写了60项重点工作来阐述经营计划，其实，完全没必要，应该有所侧重。因为资源和精力是有限的，不可能针对这么多工作同时发力，而且这些工作肯定有一定的分级、逻辑关系，找到关键的几项工作就会影响整体绩效。

（4）各项工作缺乏反思。很多工作没有对过往业绩成功要素或失败原因进行必要的反思和总结，各项工作的安排很难看出有针对性。

（5）缺少量化数据支撑。有些工作的分解完全看不到数据，比如，一些部门制订了降低成本5%的目标，但如何降低成本、在哪些环节降低成本，如果没有数据支撑论证，这个目标就很难确保完成。如果部门负责人是比较"靠谱"的人，或许能完成使命，否则，会以客观条件所限或之前没想到等原因搪塞。

（6）工作分解不详尽。比如，对销售收入仅做了季度总体计划，没有按照区域、品类、客户等维度分解。营销活动有总体策划目标，比如，多少场活动等，但没有详细说明营销活动的种类、目的、时间等。

不说明这些，怎么能准确表达明年这项工作的策略呢？又怎么能准确匹配预算呢？

（7）工作分解缺乏逻辑性。一些指标分解过于简单，没有体现逻辑关系。比如，通过新的营销模式将销售收入提升 10%，但没有对新的营销模式进行详细阐述，也没表达清楚新模式是如何带来 10% 而不是 5% 的提升率的。

（8）工作没有体现公司内部横向协同性。各项工作没有说明需要其他各部门如何配合等，可以看出，各部门在制订经营计划时，更多的是闭门造车，缺乏与其他部门就关键问题进行专题研讨的意识。

（9）部分负责人的心胸不够宽阔。虽然我一再强调质询会对事不对人，质询会的目的不是为了“找茬”而是为了“找路径”，但仍有一些部门负责人无法打开心扉。这也可以理解，毕竟再起飞公司以前从来没有通过这种形式把大家聚集在一起，站在公司的角度审视整体计划。“对立文化”的消除不可能一蹴而就，也不可能完全消除，毕竟有部门利益也是好事，大利益可以带领团队前进，小利益是每个业务单元前进的直接动力，公司要做的是平衡大小利益点。

通过质询会，各部门的经营计划得到了讨论并提出了很多完善意见。

再起飞公司又在 12 月 20 日召开了第二次经营计划质询会，最终确定了公司及部门年度经营计划。

质询会开得非常成功，正如董事长说的：

“开完质询会，我对明年的目标非常有信心。”

“以前，我直接下达指标的方式是错误的，导致上下对任务理解不一致。

“如果各部门不能告诉我实现目标的方法、路径、风险等，我就无法相信这个部门能完成目标。

“这次质询会也是对中高层梯队的审视，有一些惊喜，我也明白了有些部门的业绩为什么总是上不去。

“我们以前也应该这样讨论计划才对。

“这是公司发展的里程碑事件，是从‘游击队’到‘正规军’的转变。

“我很高兴，第一次感受到中高层团队的氛围在改变，从对立到群策群力的转变至关重要。”

……

董事长说的没错，计划本身并不重要，重要的是计划的过程。做计划的目标不是要准确地预测将要发生的所有事情，而是要保证所有影响未来业务的因素被讨论过、评估过。年度经营计划工作除了计划书外，一些无形的产出恰恰是最重要的。

（1）共识：我们都明白目标在哪里、策略及路径是什么、核心要素是什么、存在哪些风险、集中资源要做哪几件事情。

（2）协同：我知道必须在第一季度招聘多少个店长，否则，营销中心很难完成今年的开店任务，很难达成目标。

（3）节拍：我们设置了一些里程碑关键点，会定期、定点检讨和改进。

（4）精准：我们已经讨论过风险了，也制订了针对策略。

（5）信心：沙盘推演求证过了，我们对完成任务信心十足。

（6）沟通：大家群策群力，对目标进行了充分的沟通。

俗话说："一年之计在于春。"

我说："企业一年之计在于计划！"

第五章
高绩效文化：打造责任和利益共同体

❶ 重塑绩效体系

前期调研的时候，我们就发现再起飞公司的绩效体系无法很好地支撑战略。随着年度经营计划的基本完成，绩效体系重塑提上日程。

像再起飞这样的成长型企业，计划体系与绩效体系往往是“两张皮”。

计划与绩效脱节并不难理解，在公司刚刚创立的时候，企业规模比较小、组织架构也很简单，而且老板还兼管最重要的部门，企业整体运作计划都在老板的脑袋里，其他人听从指挥即可。老板对各部门的工作了如指掌，发展初期的考核，老板凭感觉打分问题也不大。其实，在企业发展初期，绩效体系的作用是有限的。

随着企业规模的扩大，企业创始人的管理幅度面临极大的挑战，老板很难了解各部门具体工作的开展情况。所以，这个发展阶段，一是要靠计划体系把公司目标层层分解并制订达成共识的行动计划；二是充分发挥与每个人切身利益相关的绩效体系，通过绩效体系进一步明确各部门及岗位的工作重心，起到指挥棒的作用。

计划体系与绩效体系的关系：经营计划体系告诉大家如何做事，绩效体系通过“工作的完成情况直接影响每个人的收入”进一步强化各自的工作重点。

让我们一起分析一下再起飞公司绩效体系存在的几类问题。

问题一：考核指标无法对接战略

在过去的三年里，营销中心李总的考核指标只有两个：一是销售收入，二是回款。理论上，每年的战略和经营计划都会有所调整和侧重，但考核指标从来没有对应承接过。

当我询问营销部门："为什么每年的考核指标都没有变化？"

营销部门的回复是："老板定什么我们就考核什么。再说，我们目前也只能对这两个目标负责，其他目标一般都是老板定的，我们也承接不了。"

我说："为什么不考核利润呢？"

营销部门回复："很多东西不是我们能决定的，比如，举办多少场大型促销活动等，都是老板决定的。"

我说："每年的销售策略可能会有所差异，如何保证这些策略落地呢？比如，今年的销售增量可能主要通过新渠道开拓完成的，如何确保新渠道开拓按质按量完成呢？"

营销部门回复："这个不用考核。新渠道开拓是好是坏，最终还不是体现在销售收入上？"

从这个案例可以看出，企业没有上下多次沟通达成一致的计划体系是多么严重的事情，老板一直认为各部门各司其职，其实，各部门一直认为老板应该对所有的经营结果负责。另外，像再起飞这样的快速成长型企业普遍存在一个误区：考核结果，但不重视过程管理。

虽然过程工作最终会体现在经营成果上，但是无法做好过程控制，就无法确保经营目标的达成。设计过程指标的目的也是不断给相关部门明晰和强化核心策略的重要性，并定期检视这些策略的正确性和执行情况，以便及时做出调整，而不仅仅是为了考核。

问题二：一些重要的经营要素被忽略了

再起飞公司的成品库存量巨大，而且很多产品库龄长，已经形成死库存。奇怪的是，没有部门对成品库存负责，也没有一个部门考核成品库存周转指标。

营销部门认为，这是计划部门和生产部门的问题。生产部门感到冤枉，说："我们是按照计划部门的计划生产的。"计划部门也很委屈，说："营销部门无法提供准确的需求，我们只能根据销售数据做一定的测算。"营销部门则说："客户今天要这个，明天要那个，我们怎么准确预测需求呢?"

很奇怪，仓库却考核库存总量，于是，仓管一天到晚都在考虑如何减少库存总量，找各种理由阻止成品入仓。

这是一个非常可笑的案例，但很多快速成长型企业或多或少都存在类似的现象。这些现象每天都影响着各部门的协作，但老板却被蒙在鼓里。如果深究原因，大概与快速成长型企业发展过程中存在授权不足、部门间职责不明确有关。

问题三：绩效体系设计导向不科学

在查看销售人员的绩效方案时，我发现绩效封顶，即无论绩效多好，最多可以拿 1.2 倍的年度岗位工资。

很多销售人员有意见："为什么总说个人利益和公司利益关系不密切呢？因为考核指标是根据当年的任务制订的，可能工作量增加了、利润增加了，但年薪没变。绩效封顶会出现一个状况：如果这个月业绩好，我们会让客户推迟到下一个月再下单，反正这个月业绩再好也只能得 120 分。"

我问人力资源部门："这样设计的目的是什么？"

人力资源部门理直气壮地回复："控制整个人力成本。"

这个案例说明像再起飞这样的成长型企业，狭隘的部门导向的管控需求影响公司整体的绩效，应该注意公司层面端到端经营目标管控的设计。

问题四：绩效文化执行不严格

调研时，某部门经理向我抱怨："按照当时的方案设计，我们上个月的绩效应该是 160 分。不知道为什么，最终给我们按 120 分计算。"

我问人力资源部门为什么会出现这种情况，得到的回复是："这个方案是今年新设计的，想通过量化的方式激励大家。但当时测算的时候可能存在问题，也没想到他们上个月的业绩这么好，何况他们的业绩好也有一些客观原因，比如，正好上个月客户的订单量大。如果给他们的奖金高，其他部门也会有意见的。”

另一个部门也向我反馈过类似的情况，本来应该拿高额奖金的，但最后因为奖金数额太大，公司认为个人之所以取得那么好的绩效是基于公司这个平台，不完全是个人的功劳，所以，拒绝支付高额的奖金。

这不仅仅是再起飞公司的问题，还是很多成长型企业的通病。公司总是希望通过加大激励力度提高员工的积极性，但要发高额奖金的时候，又总是不履行承诺。

如果是当时制订的激励方案考虑不周，那么应该先把当期的奖励发下去，然后再合理调整激励方案，而不是临时改变、找各种理由。否则，公司的绩效文化永远建立不起来，永远无法给功臣在公司奋斗下去的信心。

问题五：公司目标与部门目标割裂

当我翻查研发部门的考核方案时，我发现，该部门的重要考核指标为新产品上线成功率，即当期研发新产品成功量产的比例，目的是提高新产品量产的速度。

我与营销部门、研发部门进行了研讨，我的问题是：“谁对新产品最终成功负责？”

营销部门及研发部门几乎同时问道：“什么是最终成功？”

我说：“比如，新产品的销量达到预期目标，半年销售额达到1亿元。”

研发部门说："首先，新产品研发时就不会有这个定义，谁知道这个产品能卖多少？其次，即使有这个目标，研发部门也无法负责，我们能做的是把新产品研发出来，至于销售多少，要看营销部门。"

营销部门说："我们也无法对这个目标负责。我们再努力，如果这个产品没有竞争力，那又有什么用呢？"

我说："那么，谁对这个最终目标负责呢？"

大家都默不作声。

突然，一个销售经理开玩笑地说："那就老板负责呗。"

这说明很多公司的目标与部门的目标是割裂的。最后，往往会出现各部门的绩效都不错，但公司"死了"的情况。

问题六：无法体现公平性

在调研过程中，我也发现了绩效体系公平性有问题。比如，一个销售人员告诉我们："大家的考核方案没有区别是错误的，因为在新市场和旧市场获得同样增量的难度截然不同，如果绩效系统无法体现这种差异，就会导致老销售人员占着旧市场不放，对开拓新市场没有兴趣。"

很多企业因为对绩效体系关注不足，也没有足够的人力资源专业人员细化和设计合理的绩效方案，导致很多绩效方案比较"粗放"。在公司发展初期没有问题，随着公司规模的扩大、业务多元化和商业模式复杂化，绩效体系应该注意战略导向性、业务匹配性、过程化和精细化，否则就会出现上面的情况。

问题七：奖罚力度不足

我对生产总监的一个指标进行了测算。考核方案是这样规定的：产品质量下降 1%，罚 0.3 分。假设这个生产总监的薪酬包是 100 万元/年，那么，0.3 分对应的罚金为 1000000×0.3/100=3000 元。根据再起飞公司的产量计算，产品质量每下降 1%，直接影响公司的纯利润则是 800 万元，还不包括一些隐形成本和机会成本。

可想而知，这样的考核方案设计，对生产总监既没有吸引力又起不到应有的威慑作用，所以，绩效方案无法起到很好的牵引作用。

问题八：绩效体系无法体现高绩效文化，本质仍是“大锅饭”

虽然每个岗位都制订了考核方案，但我从绩效结果中发现，几乎所有人的绩效结果都是 90～98 分。究其原因，大多数岗位的考核方案，奖罚幅度非常狭窄，再起飞公司内部的绩效体系的本质仍是“大锅饭”。

我问人力资源部门：“为什么会出现这种情况？”

人力资源部门回复：“这说明我们的绩效制度设计得非常好啊，确保了大家收入的稳定性。”

另外，每年定期调整工资的制度基本上也是覆盖全体员工，看似公平，但对高绩效的人却是最大的不公平。

我想再一次强调，这不是再起飞公司特有的现象，这是绝大多数成长型企业都存在的共性问题。存在这些问题是正常的，这是由企业的发展阶段决定的，如果不尽快改善绩效体系，就无法实现企业的第二次创业。

这有点像社会的利益分配机制，邓小平的改革开放首先解决了利益分配的问题，让一部分人先富起来才是最大的公平，否则，就只有集体落后和贫穷。对企业而言，还会带来一个极其严重的后果，那就是人才流失严重。

回头想想再起飞公司董事长的困惑——为什么员工缺乏创业期的激情？企业创业阶段，企业老板完全可以靠个人魅力团结一批“有志之士”共同奋斗，但随着企业规模的扩大和组织的复杂化，创业者的个人魅力当然还是非常重要的，对形成企业核心价值观和良好的企业文化非常重要，但同时也应该重视建立完善的绩效体系，让绩效体系像一张网，深入企业的每个角落，真正地体现公司的价值观和牵引全体员工的行为。

作为公司的初创者，如果不舍得分享经营成果，企业发展瓶颈就会随之而来。这让我想到华为公司的文化——“不能让雷锋穿破袜子”。

“我们如何通过绩效体系设计提高组织活力？”董事长对目前绩效体系存在的问题感同身受。

我说：“这需要分析绩效体系实效背后的本质问题。”

我这样说是有原因的，再起飞公司绩效体系暴露的问题非常明显，通过修正考核指标的方式很难解决根本问题。

我们需要回到原点，重新思考绩效体系的本质。我想企业建立绩效体系的初衷，无非就是想把各部门的一些核心工作点抽离出来作为指标，最终达到以下几个目的。

（1）提高全体员工的工作积极性。

（2）解决公平性的问题。

（3）引导各部门、岗位对公司经营目标及核心策略达成共识，牵引组织行为。

绩效体系的设立本身是好事，但为什么随着组织的发展，绩效体系越来越像走形式呢？我们也需要思考这里面的原因。

对绩效文化的破坏，从深层次来讲，首先是绩效模式的问题，大家对各自工作的指标负责而不需要直接对经营结果负责，典型的例子就是前面提到的没有部门对成品库存负责，或者说，有的企业会拿这个指标考核营销部门或计划部门，也仅仅是考核指标而已。在绩效体系与企业能力博弈的过程中，往往会出现一个极其搞笑的现象，就是绩效体系倒挂组织能力，因为很多公司担心一直硬性执行高指标标准会从绩效结果上打击员工的积极性，所以，每年的绩效指标基本上都基于当前的组织能力设计，然后不痛不痒地上调一点点，甚至会因为组织能力下滑下调指标，完成了也不会大奖，完成不了也扣不了多少钱。长此以往，绩效体系就偏离了当初设计的初衷。

其次，计划体系的缺失或不精细也是绩效体系失效的重要原因。没有科学、精细化的计划，很难保证绩效的准确性和有效性，典型的例子就是很多企业不知道考核什么指标，最终为了考核而考核，设计很多“虚、高、空”的指标，比如，工作态度、学习能力等，绩效结果全凭领导的那只笔。这也是为什么我在前面的章节强调和重视计划管理这条主线。

绩效体系存在的诸多问题都是表象，解决思路不能仅局限于指标设计，应该回归本质，让中高层直接对经营结果负责，而不是隔靴搔痒对部门导向的指标负责。这不仅是激活组织能力的需要，还是提升中高层经营能力的需要。

❷ 划小核算单元

董事长非常认同：“嗯，这也正是我想要的。考核只是一个手段，绩效考核的目的绝对不是为了惩罚谁，而是希望提升大家特别是中高层团队的经营能力。”

董事长提出一个建议：“金顾问，我一直有一个想法，那就是划小核算单元、分清责任主体。”

这正是我想说的：“划小核算单元的确是一个很好的解决办法。你打算怎么做？从哪里入手？”

董事长说：“我面临一个比较大的困惑：销售收入增速逐年减缓，但销售费用却逐年提升，而且各部门还需要增加人手。所以，我想明年划小核算单元，按今年的费用标准配比做预算到各销售团队，省下来的费用以分成形式奖励给各销售团队。”

董事长的意图非常明显，就是让各销售团队对费用负责，但这并不是真正的虚拟利润中心模式。

我说：“费用导向划小核算单元在导向上还是存在问题的。虽然控制费用很重要，但是过于强调节约费用，大家会把过多的精力放在费用管理方面，公司也会更关心收入和利润。有些团队可能为了节约费用拿奖金，做出有损公司整体利益及长期利益的事情，比如，每个月都应该拜访客户变成了两个月拜访一次客户，这样做的结果可能是费用降下来了，但公司的收入和利润也在下滑。”

董事长立即明白了我想表达的意思：“你说的对。我们去年为了降成本，提高了对研发部门及生产部门的成本考核力度，但今年的产品质量也下降了，客户投诉也增多了，还得综合考虑才行。你的建议是什么？”

我说：“我先讲一个例子。”

我服务过的一家公司，各地分支机构主要考核销售收入，其他成本费用由集团统一核算分摊，为了追求规模，公司组织越来越庞大，虽然销售收入也在增长，但利润率逐年下滑，与我们公司目前的境遇很像。

后来，这家公司也意识到了这个问题，也决定划小核算单元，把每个分支机构都变成虚拟利润中心，大家对利润负责，真正做到多劳多得，以便激活组织活力。

结果，公司公布新的管理模式的第二天，一个分支机构的老总就告诉我：“明年，我们的办公室面积将缩小一半。”

我问：“为什么？”

他说：“以前，办公室租金是集团统一结算，我们也控制不了，也没关心过。现在，我才发现办公室的租金费每个月 20 万元。其实，员工一般都在客户那里，平时办公室都是空荡荡的，虽然办公室很漂亮，但必要性不大。我把节约下来的 10 万元用于给员工发奖金，多招几个人更划算。”

这就是机制的力量，一旦机制激活，考核利润，他们就是一个“小老板”，会综合考虑收入、利润和成本费用。

然后，我又拿出另一家企业的业绩核算架构图（如图5-1所示），简单地说明了虚拟利润中心核算模式。

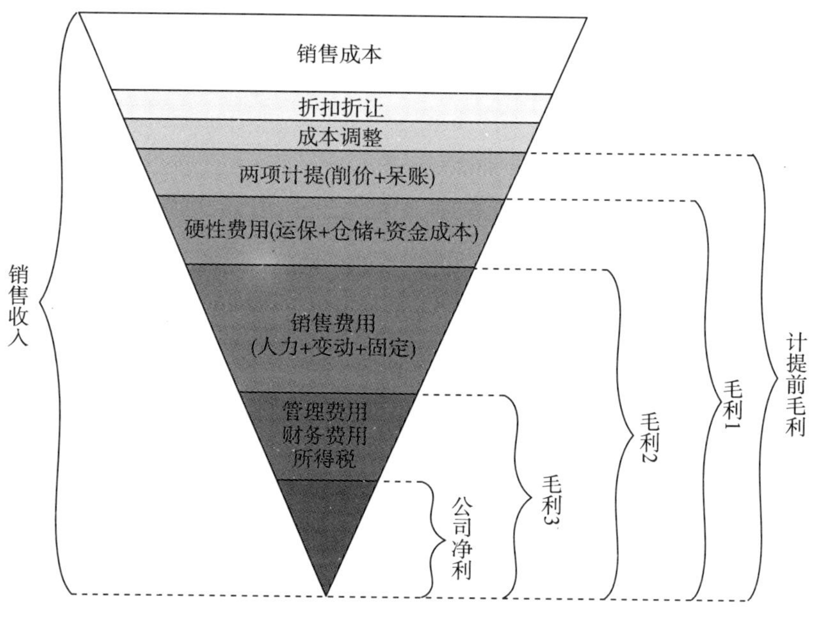

图5-1　业绩核算架构图

董事长听得津津有味：“你说的这个客户和我们很像，你的意思是考核虚拟利润而非费用?”

“对，要通过设计虚拟利润中心的方式，调动中层的主观积极性，并且真正对经营结果负责而非对指标负责。比如，现在没有部门真正对成品库存和呆滞品负责，实行虚拟利润中心模式后，成品库存是要根据一定的规则每月计提冲减虚拟利润的。”我说。

董事长问：“营销部门、生产部门、研发部门等都可以采取这种模式。接下来，我们如何设计虚拟利润中心呢？虚拟利润中心这个模式是对的，但我担心中层的经营能力不能匹配。”

我非常理解董事长的担心，很多快速成长型企业盲目导入虚拟利润中心模式，结果适得其反。因为虚拟利润中心模式本质上并不是完全放权模式，很容易出现一放就乱的问题。

虚拟利润中心模式在强调充分授权、下属业务单元掌握经营自主权的同时，对公司管控能力提出了更高的要求，如果公司本身的管控能力较弱，全面导入虚拟利润中心模式很容易失控。

在虚拟利润中心模式导入方面，的确需要充分结合企业现状。

我对董事长说：“虚拟利润中心的导入当然需要一些策略。第一，不要全面铺开，先在销售部门试点，等新的模式成熟及相关配套能力提升后，再逐步导入生产及研发等体系。第二，在发展战略部成立计划管理科室，负责统筹业务单元计划的制订、分解、监控及核算，为了尽快提升发展战略部对这方面业务的管控能力，可以考虑先在财务部门及业务部门抽调 1 ~ 2 位有经验的人员。第三，虚拟利润中心的设计涉及很多核算规则的制订，在导入初期可以尽量简化，无必要过于精细化，要考虑管理成本及 IT 系统支撑情况，比如，一些物流费用直接采取与销售收入同比分摊原则，管理精细化后，如有必要再对每笔物流费用根据业务真实发生归宿原则核算。”

我接着说：“要注意授权控制，授权和集权并不是矛盾体。总体原则是充分授权，以便充分调动各业务单元的自主积极性。同时，一些核心的管控机制也要建立起来，毕竟每个业务单元的经营能力不同。不要权下放了，业务单元死掉了，公司也死掉了。”

董事长说：“哪些权力有必要集中？”

我说：“比如，对各虚拟利润中心核心管理层的任免权、激励权、计划的管控权、对采购计划及库存的控制、客户信用管理、资金的统筹管理等。”

最后，再起飞公司选择营销体系和生产体系做虚拟利润中心试点。

在设计虚拟利润中心方案时，大家也制订了一个基本指导原则：“平稳过渡，长短期结合，向增量要效益，简化管理”。

虚拟利润中心设计的目的就是通过责、权、利的匹配，让大家直接对经营结果负责，而非仅对指标负责，最终实现公司及业务单元和个人的多赢。虚拟利润中心设计的主导思想是“为公司赚的钱越多，自己得到的就更多”，在设计新模式时就强调“向增量要效益”，即公司给予团队更多的激励，但前提是团队为公司赚更多的钱，而非通过模式转变，变相涨工资。测算时，在与去年相同的经营目标下，团队获得的薪酬包应该与往年的薪酬包保持一致，一旦超过基本目标，利润分红就可以按一定规则放大，给予业务团队无限的想象空间。

另外，在未实行虚拟利润中心模式前，很多费用都“烂成一锅”。比如，研发费用，因为研发人员共用等原因，不能很好地区分每个业务单元分摊的研发费用比例。在短期内很难区分清楚的前提下，为了尽快实现虚拟利润中心核算，类似的费用直接采取销售收入占比等原则分摊。在确保“核算规则简化”的同时，财务部门制订了相关核算规则精细化的推进工作计划。

划小核算单元让公司从董事长一个发动机变为多个发动机，让各单元都成为“老板”，直接对经营结果负责，同时提升了中高层的运营能力。

③ 塑造高绩效文化

虽然再起飞公司绩效体系再造迫在眉睫，但是绩效文化再造更重要。

再起飞公司对绩效的理解有巨大偏差，比如，公司把绩效体系作为发放薪酬的一个凭证，人力资源部门几乎把人力资源成本控制当成绩效体系的唯一目标，虽然在个别岗位也尝试设计量化激励方案，但多是被动行为，而且实现了高绩效又不兑现承诺。整个绩效体系的设计理念还是“大锅饭”文化，就像很多员工提及的那样，“做多做少一个样，做好做坏一个样，甚至做与不做也一个样”，表面上看似乎是照顾了很多员工的利益，但导致大批优秀人才流失。

我们向董事长汇报了调研中的发现，董事长也非常吃惊，因为他并不了解很多绩效方案的细节，也没想到绩效体系原来存在这么多的问题。不过，这也反映了公司管理层对绩效体系的定位和价值在认识上存在偏差。

毫不客气地讲，类似再起飞这样的成长型企业的管理变革，领导者必须有自我批判的精神，否则，领导者的意识没有转变，变革方向就不清晰，变革就不彻底，变革很难取得成功。

与董事长讨论后，我们决定在正式开始新的绩效体系设计之前，先重新塑造公司中高层的思想。思想再塑造主要通过两个举措实现：一是由我向公司中高层讲解绩效体系现状诊断及分析报告，并就绩效体系的定位和价值做详细说明；二是大家一起学习国内民营企业发展标杆——美的公司的发展历程和绩效文化。

为了取得预期效果，董事长特别安排这次会议在公司附近酒店的会议室举行。一是想让大家打开心扉、充分讨论，二是新环境有利于大家重新思考，三是避免日常工作的干扰。时间定在12月11日上午。

首先，董事长简单地讲了讲举办本次研讨会的背景和目的，然后由我讲解绩效体系现状诊断及分析报告。从大家的反应可以看出，大多数人并不清楚公司绩效体系的现状。

有些人甚至当场质疑："这个岗位真的是这样考核的吗?"经过人力资源部门现场确认，大家又沉默了。很多人不时地发笑，也许大家都认为很多问题本就不应该存在吧。

根据多年的咨询经历，很多企业存在的问题的确有时让人啼笑皆非，背后的原因很复杂，但往往是信息不对称及部门利益导向所致。

在会议现场，我有时候也在想，咨询最大的价值也许就是告诉大家一个客观事实。

接下来，我给大家讲解了国内民营企业发展标杆——美的公司的发展历程和绩效文化，我摘录了一些核心观点。

（1）绩效机制是撬动人力资源效率的核心，考核什么就会得到什么。

（2）没有考核就没有压力；有考核，没有严格的激励也白搭。这是一个系统，先要有考核，然后评价绩效，最后根据绩效进行激励。

（3）绩效机制的关键是清晰价值创造的主体、明确价值评价的体系、共识价值分配的原则；绩效文化的背后是三大机制的建立，即薪资机制、考核机制、激励机制。

（4）务实、理性、严谨，一切用企业目标和业绩说话，切忌空谈和形式主义，实实在在地追求企业利益，做企业就是要赚钱。

（5）一旦评估某项业务（某个职业经理人）不能赚钱且又没前途的时候，就要果断出手，终止投资（聘用）。业绩面前人人平等，不论资历、年龄、身份、背景、学历，能创造业绩的干部都是好干部。

（6）给员工施展才华的空间。业绩考核是一条高压线，职业经理人碰了高压线就会出局。尽管高绩效文化有些残酷，但相对公平、公正、公开的机制使大家口服心服，营造一种能上能下的文化氛围，使胜者为王、强者更强。

（7）各利润单元之间基于业绩的竞争性，促使大家“比、学、赶、帮、超”，激发大家的潜能，让平凡的人干出非凡的业绩，实现了高压力、高绩效。

（8）绩效考核简单、实用、可预期。美的对职业经理人的考核一直坚持以三大指标（销售收入、利润和现金流）为重，辅以管理指标，从未动摇过。任何人都不能摆老资格，不能在考核面前讲条件，要想持续得到重用和发展就要立新功而不能“吃老本”。

（9）绩效机制和绩效管理是不同的，绩效机制是绩效的创造、绩效的评价、绩效的分配，而绩效管理机制是绩效计划、绩效实施、绩效沟通、绩效评估等系统的总和，目的在于给员工方向性的指引，让大家明确努力的方向，通过沟通和评估帮助大家查找问题、解决问题，最终目的是帮助企业实现效益的持续提升和管理的持续改善。

（10）公司认真维护绩效的权威，算出多少给多少，不拖欠，不少一分钱。绩效不同，直接导致收入差距的拉大，避免了平均主义和“大锅饭”。民营企业在高速发展过程中必须树立高绩效、高业绩、高压力的文化并强调绩效的权威性。

（11）好的绩效机制就是敢给钱、会给钱、给好钱。

敢给钱：对于领导就是要有分享的胸怀和勇气；对于企业就是要打造分享的文化。

会给钱：对于领导就是要做到公平公正，让大家心服口服；对于企业就是建立绩效评价和分配机制。

给好钱：对于领导就是给了之后人家说你好，更加卖命地帮你赚钱；对于企业就是建立绩效管理的闭环系统。

大家思想上受到了很大冲击，很多问题引起了共鸣。

“我们公司的绩效考核的确应该改了，有些员工业绩很好，但没有从薪酬上体现出来，这对员工的积极性影响非常大，很多优秀的人才都流失了。”

“前段时间，公司因为生产事故导致停产两周，给公司带来了很大损失，但公司只是对相关责任人罚了几百元钱，完全起不到警示作用。有些严重超越公司红线，但考虑到是业务主干，就做了简单处理。”

“不同的经营主体，考核指标、计算方法及权重的确应该有所区别，毕竟各业务单元的业务模式差异很大，每年的经营策略差异也很大。有的业务单元现阶段可能是市场规模最重要，有的业务单元现阶段可能是重在追求利润最大化，有的业务单元可能是重在转型升级新产品。”

……

董事长也深有感触：“我们的绩效考核的确存在很多问题。本质问题还是公司及中高层对绩效体系的价值认识的错位，我以前也认识不足。明年的绩效考核，我们要做一个大的调整，真正体现多劳多得、公平公正的原则。结合绩效考核，重新制订干部管理办法，这么小的企业就论资排位很危险，一定要建立基于对公司的价值贡献、干部能上也能下的机制。另外，公司也会更舍得在人才上投资，一是对业绩贡献比较大的人，薪酬和激励力度都会大幅提升；二是引进一些现代职业管理人员，引进新的管理思想和方法。”

看来，这次会议非常及时。

4 薪酬与绩效改革

一直以来，再起飞公司中高层的薪酬发放方式比较简单，采取月度考核月度发放的方式，年终根据中高层和老板的主观评分会有1～3个月的月薪作为年终奖。

这种薪酬发放的方式很不合理，一是月度考核的方式很容易让大家过于关注短期目标而忽视长期目标；二是很多年度策略本身就很难以月度为周期进行衡量。很多公司都以“月度计划变化太快，根本无法计划考核”为由解释无法严肃考核的原因，除了有些工作的确难以量化外，我想月度考核月度发放是出现问题的原因之一。

再起飞公司的薪酬绩效结构的核心问题是无法直接、有效地支撑战略。所以，有必要重新设计中高层的薪酬绩效体系，实现公司战略、经营计划与业绩评价体系的强关联（如图5－2所示）。从长远来看，需要1～2年的时间逐步、持续强化年度经营目标明确业绩评价导向的严肃性，形成良性循环。

之所以需要这么长时间，是因为薪酬绩效模式的改变不仅是改变一个考核方法，还要改变全体员工的思维和绩效文化。高绩效文化需要计划体系和核算体系的支撑，这恰恰是最难的。

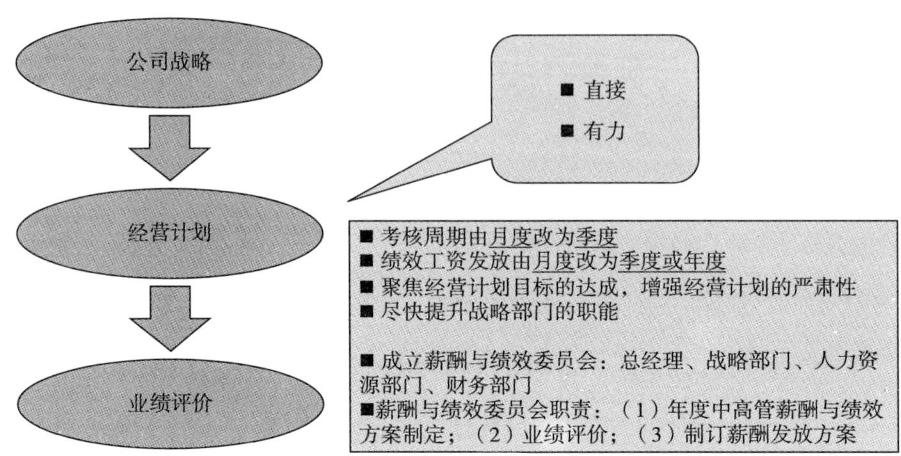

图 5－2　公司战略、经营计划与业绩评价要对接

为了确保新的薪酬与绩效体系能够切实执行，再起飞公司成立了由总经理、发展战略部门、人力资源部门和财务部门组成的公司级薪酬与绩效委员会，负责中高层薪酬与绩效方案的设计、业绩考评和薪酬发放工作。

不由人力资源部门直接制订中高层考核方案的原因：一是人力资源部门以往的定位是操作者，导致现有人力资源部门能力无法与新的定位匹配；二是人力资源部门不会自始至终参与公司年度经营计划的制订和过程经营分析会议，而理解并准确把握公司经营动态和计划是制订与战略匹配的绩效体系的关键。

薪酬与绩效改革的第二步就是改变中高层的薪酬结构。经过反复讨论，我们确定了再起飞公司中高层新的薪酬绩效模式（如表 5－1 所示）。当然，这只是解决方案之一，其他公司没必要照搬，只要掌握设计的方法和原则即可。

表 5-1　新的绩效薪酬模式

<table>
<tr><th></th><th>基本工资</th><th>管理奖金</th><th>业绩奖金</th><th>分红</th></tr>
<tr><td>比重</td><td>40%</td><td>40%</td><td>20%</td><td>不封顶</td></tr>
<tr><td>考核意义</td><td>岗位价值</td><td>过程管理绩效</td><td>年度绩效</td><td>最终业绩</td></tr>
<tr><td>考核周期</td><td>月度跟踪</td><td>季度考核</td><td>年度考核</td><td>月度跟踪</td></tr>
<tr><td>发放周期</td><td>月度</td><td>季度</td><td>年度</td><td>半年度/年度</td></tr>
<tr><td>考核指标</td><td></td><td><table><tr><th>指标</th><th>权重</th></tr><tr><td></td><td>25%</td></tr><tr><td></td><td>25%</td></tr><tr><td></td><td>25%</td></tr><tr><td></td><td>25%</td></tr></table></td><td><table><tr><th>指标</th><th>权重</th></tr><tr><td></td><td>60%</td></tr><tr><td></td><td>40%</td></tr></table></td><td></td></tr>
</table>

薪酬结构的调整

整个薪酬结构分为四个部分，其中，基本工资体现的是岗位价值，这部分无须考核。

管理奖金体现的是过程绩效，对这部分的考核要包括结果性指标、过程性指标，比如，一些核心策略如果直接影响最终绩效结果，就有必要提炼一个考核指标时刻提醒管理者这个策略对年终业绩的重要影响。管理奖金每季度发放一次，但有必要进行月度跟踪，以便公司与部门管控过程风险并及时调整战略。

业绩奖金为年终发放，主要针对结果性指标进行全年的评价。

另外，结合虚拟利润中心设计，我们还为再起飞公司特别设计了虚拟利润分红机制，这是体现公司新价值观的一部分。为了激励多劳多得，超出公司基本目标（不仅包括销售目标，还包括质量等目标）的部分，给公司带来超额利润的同时，公司会拿出相当一部分形成奖金池分享给管理层及核心员工，分红机制的应用先在营销部门和制造部门试点。

薪酬结构比例

薪酬结构比例的设计要充分考虑不同部门的特点，可以从“工作职责的大小”和“工作的可客观衡量性”两个维度考虑（如图5－3所示）。岗位承担的工作职责越大，浮动薪酬部分的比例就越大。比如，一个部门经理比一个文员对本部门绩效的影响要大得多，经理的浮动薪酬比例可能会达到50%，但文员的浮动薪酬可能仅为15%，甚至更低。另一个因素就是工作的可客观衡量性。营销部门和生产部门很容易衡量，但战略部门等后台职能部门的很多工作是很难衡量短期成效的，所以，营销部门总监的浮动薪酬比例可以为80%，后台职能部门总监的浮动薪酬比例可以设计为50%。还可以结合其他因素，比如，企业文化及行业特点。

考核指标的设计

很多人用平衡计分卡分解指标，平衡计分卡的确是一个好工具，但像再起飞这样的成长型企业，千万不可误用平衡计分卡。平衡计分卡对成熟企业没有问题，成长型企业可以借鉴它的思想，千万不要“依葫芦画瓢”，一定要聚焦再聚焦。

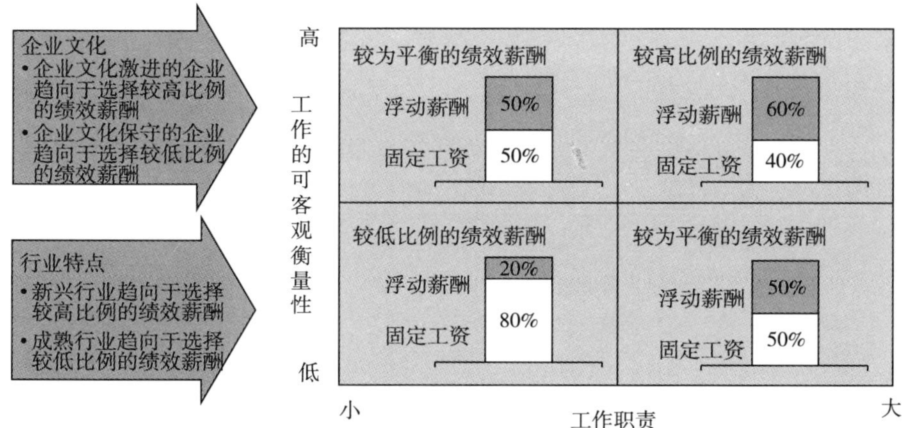

图 5－3　浮动薪酬比例应考虑的因素

在设计考核指标时，有以下几个原则。

（1）聚焦。精力和资源永远都是有限的，不能贪图大而全，要围绕核心目标、核心策略、核心矛盾重点突破，这也是不能完全照搬平衡计分卡的原因。根据我的经验，考核指标一般为 3～6 个比较合适。

（2）注意结果性指标与过程性指标的平衡。结果性指标当然是最重要的，但成长型企业一定要重视过程策略的把控，所以，要针对核心策略设置指标强化执行，有时候对不同的经营主体会有所侧重。比如，比较成熟且职业经理人团队比较强的业务单元更偏重结果性指标，新的事业部或职业经理人团队比较弱的业务单元往往要强化过程性指标。

（3）纵向一致和横向协同（如图 5－4 所示）。这是很多快速成长型企业容易出问题的地方，不是因为想不到，而是因为计划体系缺位。公司在制订经营计划时就应该就各部门目标/策略之间的逻辑关系达成共识，比如，明年营销部门实现销售目标的关键在于渠道拓展，那么，财务部门的融资计划能否及时到位就非常关键了，同时也对人力资源部门的招聘和培训提出了要求。

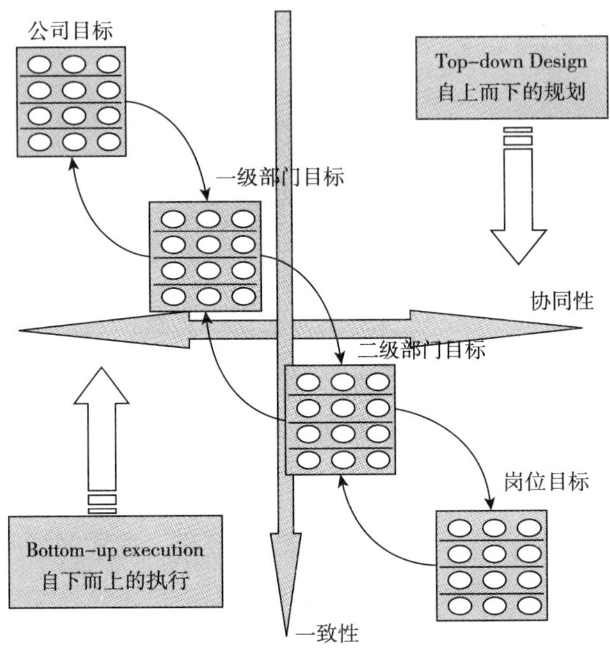

图5－4　目标分解要确保纵向一致性和横向协同性

（4）保证可量化与支撑战略的平衡。毫无疑问，可量化的考核指标才有意义，否则，很多主观判断导致考核不严肃从而破坏绩效文化。但也不能陷入另一个误区——“不可量化，所以不能考核”，因为这样就违背了绩效考核设计的基本原则——支撑战略。比如，再起飞公司之前没有科学的计划体系，不能因为计划管理工作难以量化而不纳入发展战略部的考核方案中，考核标准可以偏低但不可空缺。这项工作可以先简单考核——“每月经营分析会和每季度业绩质询会是否及时召开”，然后再考核报告的质量。

达成共识

很多公司的绩效方案是人力资源部门闭门造车的结果，总经理签署后就发布了，这是错误的。其实，绩效方案的设计更重要的是传递公司战略，所以，和每个部门开一次“绩效方案解读会”很重要。解读会可以修正绩效方案，更重要的是双方经过沟通可以真正把公司的战略及策略意图通过绩效方案的形式再次传达下去。

制订绩效方案的部门有时候会担心方案遇到挑战，往往不愿意召开绩效方案解读会“自找苦吃”，而且冠冕堂皇地解释：“这些指标就是要考核的，但各个部门找很多理由不愿意纳入。”这种想法是错的，充分了解各部门对绩效方案的意见非常重要，有利于修正不合理的地方。比如，有些工作非常重要且有必要纳入考核，但这项工作设置什么指标比较合适、指标设置多少比较合适，如果没有充分的沟通就直接拍脑袋，会给绩效体系的严肃性和合理性带来负面影响。很多公司就是因为设计绩效指标时过于武断，导致新的绩效方案失效。

公司要与各职业经理人签订正式的业绩合同，这有利于加强合同的严肃性和塑造高绩效文化。

第六章

运营计划：经营计划层层分解执行

❶
经营计划仅仅是开始

因为这是再起飞公司第一次按照新的方法组织制订年度经营计划，并且结合新的经营计划对中高层薪酬与绩效体系做了较大的结构性调整，所以，正式发布新一年的经营计划与中高层薪酬绩效方案已经到了1月中旬。

年度经营计划的核心是告诉各部门采取什么样的策略承接公司目标，但如何达成工作目标则需要各部门根据经营计划制订具体的运营计划。比如，在公司年度经营计划中，可能提出一项有关人力资源的核心举措——招聘50个店长。如何招到50个符合要求的店长？招聘的节奏是什么？具体由谁负责？工作如何分解？等等，年度经营计划无法直接回答这些问题，需要各部门及班组进一步具体化，一直细化到可执行层面，即可以直接指导部门及班组每日的工作计划，这就是运营计划。

刚刚结束年度经营计划及中高层薪酬绩效方案的中高层学习会，我就急忙找发展战略部的刘总讨论下一步运营计划的工作安排。

看到我过来，刘总说："这段时间辛苦了，赶紧坐下来喝杯茶。"

显然，刘总还沉浸在年度经营计划和中高层薪酬与绩效体系工作的战役氛围中。

“终于搞定了，今年的经营计划做得非常好，而且绩效方案也更合理了。”刘总如释重负地说。

我说：“嗯，整体看来，大家对这套方法掌握得还不错。虽然各部门制订的经营计划质量差异比较大，但至少大家都有了这方面的意识，‘先有后好’，一步步来。”

刘总兴奋地说：“是啊，希望这些工作能发挥作用。”

我说：“刘总，按计划，我们现在需要尽快开展另一项工作，就是各部门需要把年度经营计划分解到具体可执行的运营计划。”

刘总稍有疑惑：“年度经营计划本身就可以执行啊，都已经明确了各个部门的要求。”看来，刘总认为制订完年度经营计划就万事大吉了。

我说：“经营计划主要是界定年度的重点工作及核心策略，但分解到可落地的计划，比如，分解到季度、月度、周甚至每日具体的工作计划，就需要运营计划了。这需要各部门及岗位每个月滚动做。”

刘总想了想说：“我看还是不用了。现在都年底了，各部门非常忙，而且刚刚做完经营计划，虽然计划比较粗，但各部门讨论得还是很充分的，再说各部门平时一般也都会做月度的工作安排，应该没问题。目标已经确定了，执行就是各个部门的事情了。”

看我担心工作推进的效果，刘总接着说：“第一季度先别硬推运营计划了，先看一下执行情况，如果各部门工作执行不理想，我们再从第二季度开始推。当然，我会尽快安排发一个通知，让大家根据年度经营计划，各部门制订具体的工作落实计划。”

……

刘总还是坚持暂缓推进运营计划，先让每个部门按照原有的工作推进模式运行，观察执行效果后再讨论下一步的工作推进策略。

虽然有些遗憾，但刘总说的也并不是没有道理。变革不可能一次吃成胖子，一次推行很多变革措施，对各部门的正常生产秩序会有影响，不利于前期变革成果的夯实，会影响整体的变革进程和效果。再说，经历比任何说服都管用。所以，我倒也情愿相信再起飞公司各部门在目标及策略清晰的情况下，能借助现有的工作方式做好计划落地执行工作。万一工作执行出了问题，再针对问题推出新的运营计划方法，更容易被公司各级员工接受。

马上要过春节了，我也想好好休息一下。

虽然变革迈出了成功的第一步，可能有些人已经满足现状甚至松懈了，但我知道，鹰计划才刚刚开始，明年还有很多事情等着我。变革过程本身的起伏是正常的，如同人生，成功的喜悦固然重要，但经历和挫折为取得更大的成功提供了持久的动力。

变革需要短跑的速度和激情，亦需要马拉松式的节奏与耐力！

②
计划复盘

过了春节，第一个季度差不多快结束了。

按鹰计划的整体变革规划，每个季度末都要召开业绩质询会。有三个目的：一是各部门向公司汇报本季度的业绩达成状况，二是对未达成的目标做出解释并制订下一步措施，三是明确下一季度的运营计划。季度质询会的结果还会被用来评估组织绩效。

我在2月中旬再次拜访了再起飞公司，并与鹰计划变革执行办公室一起着手准备第一季度业绩质询会的工作。我先去拜访董事长，想听听他对变革的看法。

“总体来说，变革已经取得了一定的成绩。比如，总体产量提升了，各部门工作计划性比以前好。但也发现了一些问题，一些部门使用了新方法并没有取得明显的改观，年初定的目标并没有完成。”

一见到董事长，我就得到了喜忧参半的消息。不过，这很正常，新管理方法导入初期存在问题也在意料之中，而且新计划管理方法才使用了2~3个月。所以，我说：“正好可以借助这次季度质询会做回顾和审视，必要时再做进一步要求。”

之前参加过再起飞公司的经营分析会，对会议管理存在的问题也深有体验，基本上与很多快速成长型企业存在的问题差不多。

问题一：会议没有标准模板。没有标准模板的坏处是很难控制各部门汇报的质量。有些部门甚至以工作忙没来得及写报告为由，直接由部门负责人口头说明。

问题二：经营分析会开成领导批评讲话会。各部门简要汇报一下工作情况，然后就直奔“主题”，公司领导开始围绕自己关注的主题长篇大论，有时候甚至与各部门汇报的内容没有任何关系。

问题三：报喜不报忧。经营分析会最后开成了和谐茶话会，或者拍马屁会，只讲领导想听的，只讲业绩不讲问题。只要领导不追问，就轻描淡写、一句话带过，甚至假装忘了闭口不谈。相反，会对本部门一些无关紧要的小事大谈特谈。比如，我在某企业的经营分析会上听到行政管理部门花半个多小时大谈特谈有关食堂新招了几个不错的师傅，通过去本地菜市场而非超市采购每月节约了5000元的事情，还现场征集大家对食堂饭菜口味改变的评价。

问题四：会议开完了，没结论更没跟进措施。讨论得热火朝天，但是没结论，比如，“这个问题，会后你们几个部门再讨论”，结果就不了了之了。

为了提高质询会的效果，我为各部门设计了一套季度咨询会模板，并且针对各部门的特点设计了差异化的模板。根据我的经验，如果设计通用性模板，一是适用性比较差，而且通用性模板很难兼顾各部门差异化的需求；二是各部门填写的汇报材料基本上就是在原来内容的基础上

"穿一件外套"，没有实质的改变。

整套模板的设计，有以下两个关键点。

关键点一：差异化的模板。根据部门特点，至少可以分为营销部门、研发部门、生产部门及职能部门几大类模板。

关键点二：内容的精细化设计。要求各部门的经营分析材料必须包含三个部分：本季度整体运营完成情况回顾、本季度各项运营指标及重点工作分析、下季度运营计划。各部分内容也要进一步提出精细化的要求，比如，第一部分可以用表6－1固化内容，甚至在表格中把年度经营计划的要求预先填写在表格中，避免有些部门报喜不报忧、经营计划与运营计划两层皮。

表6－1 本季度部门整体运营完成情况回顾

类别	序号	What	Who	When	How	完成情况
		工作内容	负责人	完成时间	完成标准	
核心运营指标	1	销售完成率（%）				
	2	新产品销售完成率（%）				
	3	库存周转率（%）				
	4	资金回笼率（%）				
	5	……				
	6	……				
其他重点工作	1	……				
	2	……				

对于核心的运营指标，直接固化基本的分析框架供各部门参考（如图6－1所示）。当然，这些分析框架要与各部门讨论并达成共识，以免"水土不服"，给变革带来负面影响。很多成长型企业喜欢直接拿

一些数据表进行简要汇报，这不利于与会者快速了解运营全貌，特别是运营的趋势及原因分析。所以，对于每一项核心运营指标，要求各部门必须进行趋势分析及原因分析，并制订下一步行动举措。

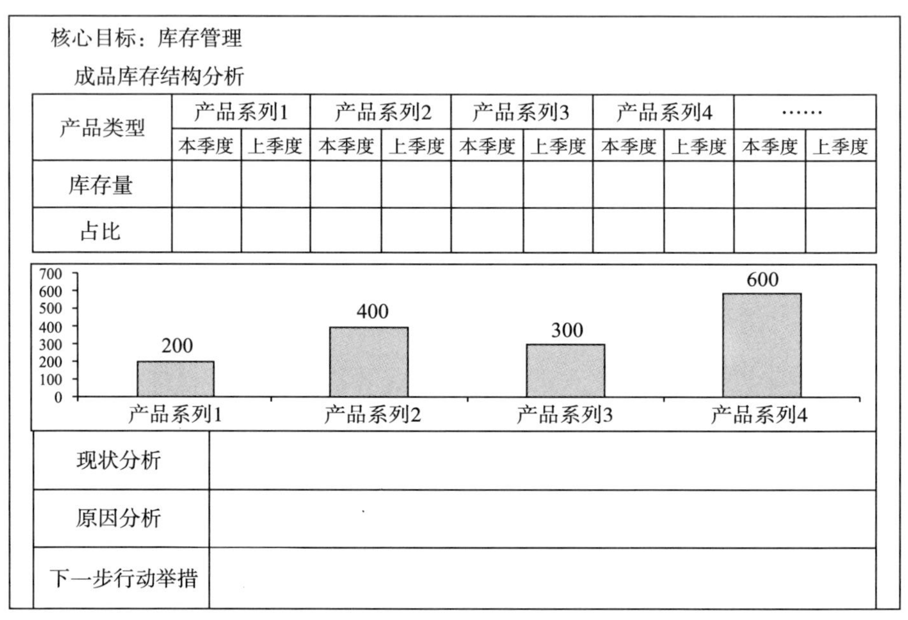

核心目标：库存管理

成品库存结构分析

产品类型	产品系列1		产品系列2		产品系列3		产品系列4		……	
	本季度	上季度	本季度	上季度	本季度	上季度	本季度	上季度	本季度	上季度
库存量										
占比										

现状分析	
原因分析	
下一步行动举措	

图6－1　库存分析框架示例

董事长也非常重视第一次业绩咨询会，特别安排在周末开会，以便所有的经理级人员都能参加，希望通过全新的会议模式对经营业绩进行集中审视，提升经理人员的经营意识。为了避免再出现之前少数高管一言堂的情况，这次全部由各部门的直接责任人汇报工作。董事长也答应我，自己尽量少讲话，多一些质询，最后再提一些要求。

两天的业绩质询会效果非常不错，各部门依次对季度的运营计划完成情况做了汇报，并且对未能达标的工作进行了反思，进而提出了改进举措，最后也制订了下一季度的运营计划。公司管理委员会对各部门的计划进行了质询，通过多轮质询，公司上下对经营过程中存在的问题有了更深入的认识，就下一步的经营计划达成了共识。

从结果上看，业绩质询会也暴露了许多问题。经营目标的达成情况很不理想，很多部门未能达标。比如，华中大区第一季度的经营目标仅完成了65%。近几年，市场环境恶劣虽然是不争的事实，但其他几个大区则有30%～80%的增幅。

我相信与会人员和我一样，都看到了一样东西，也许这个东西比一个季度本身的业绩更重要。现在，我们就拿业绩不理想的华中大区和业绩实现80%增幅的华北大区的汇报做一下对比。

差异点一：报告的内容。华中大区的报告，90%的篇幅都在描述业绩现状。比如，第一季度计划多少、实际完成多少等，对未达标的原因基本上是草草带过，对下一步行动举措也是含糊其词。而华北大区的报告只有50%的篇幅在描述业绩现状，另外50%的篇幅都在对问题的原因进行量化分析和趋势分析，也制订了明确的行动举措。在报告时，华中大区基本上是在读报告，而华北大区主要是对一些趋势异常或问题做重点讲解。

差异点二：报告的逻辑性。华中大区的报告从计划、完成情况到原因分析再到下一步举措，基本上没有直接的逻辑关系。比如，业绩不达标，下一步举措就简单描述为加强销售人员的培训、提升销售能力。业绩不达标的核心原因是什么？怎么解决？解决的具体计划是什么？这些问题都没有得到很好的回答。反观华北大区的报告，对表现优异的指标会给大家解释清楚，为什么可以做到如此大的增幅，前期做了哪些策略考虑、如何实施的、哪些措施取得了明显的效果、哪些措施效果不明显甚至是错误的、对以后其他工作开展的借鉴意义在哪里说得非常清楚。对部分完成不理想的指标，华北大区进行了深入细致地反思，并对前期的举措进行了逐条评价，然后有针对性地给出下一步的举措。同时，对下一步举措有一些基本判断，比如，哪些举措可以解决目前存在的问题、哪些举措还需要进一步论证，这样的汇报，管理委员会也可以参与讨论并给出建设性意见。华中大区的汇报则让管理委员会无从下手，因为不了解问题背后的原因，很难讨论并给出针对性意见。

在开质询会的间隙，我与董事长也进行了多次沟通，显然，董事长和我的看法是一样的。他对质询会的形式和效果非常认同，同时对之前经营分析会存在的问题进行了反思，并强调今后要持续坚持这种模式。

董事长兴奋地说："通过质询会，我也明白了为什么有些总监的业绩好，有些总监的业绩一直很差。这与区域特点及经济环境关系不大，从根本上讲，现在很多经理人的经营意识和经营能力还有很多不足，而质询会可以很好地解决这个问题。这次很多经理人员都打开了心扉，非常不错。"

董事长就像发现新大陆似的非常兴奋，对质询会的形式和效果非常认同，这让我很欣慰。同时，我也想到一个问题："董事长，通过这次质询会，我也感觉公司经理团队平时缺少交流。"

董事长沉默了一会儿，说："基本上没交流。公司小的时候，管理团队没几个人，大家还经常在一起打牌、喝酒，后来人多了，就不聚在一起了。"

我说："应该重视这件事，我发现，管理团队之间沟通少对部门协同是很大的障碍。"

董事长非常认同，说："以后每次开完会，增加一个议程——经理团队聚会、一起吃饭。"

酒足饭饱，已是深夜，车外皓月当空，车在空荡的高速路上飞驰。

我在想，对再起飞公司来说，今天无疑是一个值得纪念的日子，也是公司实现管理能力提升的重要里程碑。经理团队的经营意识和经营能力的塑造，是一项不可跨越、艰巨的工程。成长型企业的第二次飞跃，必须实现从老板一言堂和一个发动机的局面，变为以多个发动机为核心的组织能力带动公司发展的模式，可喜的是，再起飞公司现在有了共识并且开始启动了。

③ 绩效“地震”怎么办

季度业绩质询会结束了，中高层管理团队的绩效也需要根据新的绩效薪酬方案进行第一次评估。第一次评估的结果“出乎意料”，最直接的表现就是不同部门经理人的绩效差异体现得淋漓尽致。比如，有的大区销售总监绩效 180 分，奖金多达 15 万元；有的大区销售总监仅 60 多分，只能拿基本工资；有一个工厂的厂长可以拿到 20 万元的奖金；另一个工厂的厂长不但没拿到奖金，还因为当季质量问题被扣了 5000 元。

面对这样的结果，董事长沉默不语，显然，大家对这样的结果也有点惊讶。虽然制订新的薪酬绩效方案时，大家已经对各部门绩效会有更明显的差异有所预期，但如此大的幅度还是令人惊讶。

人力资源总监首先打破沉默：“这不行吧。以前厂长的薪水都差不多，这次差别也太大了，这会影响大家的积极性，这可是‘地震’。”

说的没错，对再起飞公司而言，这的确是“地震”。

发展战略部的刘总皱了皱眉头，感慨地说：“的确有点大，但是，当初的方案就是这么定的，也是各部门认可的，并且都签订了绩效合同。”

财务总监说：“我建议对绩效方案稍做调整，差异肯定要体现出来，但是否可以减小差异幅度？毕竟，这是第一次按新方案执行，测算等方面可能存在问题，所以，调整也说得过去。”

很多人随声附和，都赞同对方案做一些微调。大家都看了看董事长，董事长若有所思，但一直沉默。

……

终于，董事长打破了沉默，说：“金顾问，您认为这种情况如何处理？”

我说：“从部门目标的完成情况看，两个部门差异较大，出现这个结果也算正常，所以，方案本身基本上是合理的，暂时无需调整。我建议继续运行一个季度后再对方案本身进行审视，如有必要再做微调，但这次不建议更改绩效结果。这次绩效薪酬方案变革的目的之一不就是体现多劳多得的思想吗？如果因为绩效差异大就人为地调整方案，那不又成了‘大锅饭’了吗？”

董事长说：“我比较认同金顾问的观点。我们这次薪酬绩效变革的目的不就是为了体现多劳多得吗？虽然有些部门业绩差可能有一些客观因素，但仔细分析，业绩也不应该这么差，所以，第一季度还是要严格按方案执行。如果仅仅因为大家拿的钱差别大就修改方案，那我们就没必要变革了。严肃考核对于公司塑造高绩效文化是必要的。以前，绩效的最大问题就是拍脑袋、‘大锅饭’、论资排辈，所以留不住人。我们一定要让所有员工看到公司变革的决心，只要业绩好，就可以多拿奖金，职级高也可能少拿钱，职级低也可以多拿钱。”

董事长转身对发展战略部的刘总说：“正好，借此机会在公司内刊上写篇文章做一期有关绩效文化及多劳多得方面的宣传。”

很多企业都很困惑，到底如何塑造高绩效文化？其实，塑造高绩效文化并不难，也没那么神秘，高绩效文化的根本是要保护绩效的威严。这既是对员工的要求，也是对公司的要求。

我知道另一家卓越的民营企业有一个事业部的总经理因差 5000 元的业绩未获得 8 万元奖金的资格，虽然公司领导也非常难过，但为了维持绩效严肃性也很无奈。当然，这家企业对员工应得的奖金发放也毫不含糊。

我很高兴看到再起飞公司在绩效“地震”后能坚持住。

④ 从经营计划到运营计划

季度业绩质询会及绩效评价后，我约董事长及发展战略部的刘总沟通下一步变革思路，话题还得从第一季度各部门的业绩开始。

董事长说："这次质询会非常成功，考核也真正把大家的绩效拉开了，基本上达到了变革的目的。但我也意识到一个问题，那就是形式有了，效果也不错，年度经营计划、公司很多的策略欠缺落地性，我希望能层层分解下去。现在看来，可能部分经理已经做到了，但全体员工还没有动起来。上次质询会华北大区的汇报就符合我的要求，华中大区的汇报就根本没有理解变革的要求。"

刘总也非常认同："是啊，这次只有个别部门真正围绕年度经营计划分解，大多数部门好像形式上已经到位了，但还是以前的思维。据我了解，现在各部门在日常工作过程中，还是以前的工作模式，领导交代什么就做什么，领导没交代就无所事事，也就是说，年度经营计划现在还未能真正层层分解到基层员工。上班时间上网浏览新闻、聊天的现象还很普遍。"

看来，这次刘总也意识到了运营计划的重要性。

大家能意识到这个问题很重要，这也是我想要的。

我说："现在没有层层分解到基层员工是因为缺少一个抓手。年度经营计划相对粗放，仅仅是一些核心策略，还没有完全分解到各部门及员工，无法充分有效地指导大家的工作。"

"所以，我建议接下来推行运营计划，公司目标要通过运营计划像拧螺钉一样，一层一层拧下去。"我接着说。

董事长拍了一下大腿，说："你说的对，拧螺钉这个提法很好，我就是希望公司目标能像拧螺钉一样分解到基层员工，只有上下目标一致，才能形成合力。"

董事长对刘总说："我会专门写一篇文章，你在最新一期的内刊上做一下宣传。"

我真的非常佩服董事长的魄力和执行力，不仅注重宣传手段对变革的融冰，还非常善于把握时机。

我说："那就再好不过了。"

刘总说："这个运营计划怎么做？"

我说："其实，也没那么复杂。之前调研的时候，我也了解到目前各部门工作基本上靠领导临时安排，所以，我认为现在是时候关注工作计划了。基本的模式和制订年度经营计划差不多，每个部门领导先给各班组交代下月的工作重点，然后每个班组基于自己的理解制订下月的计划，部门内部进行质询并完善工作计划。这样一来，每个部门的工作计划性都会提高，而且有利于充分发挥各班组的积极性，不是每天听领导安排工作，而是自己制订工作计划，然后自我管理，主动完成工作，这对团队成长也有帮助。"

刘总兴奋地说："嗯，非常好。我尽快协调 IT 部门开发一个简单的月度工作计划管理流程，既可以统计各部门计划管理执行的情况，又可以实现上下级工作信息的共享，这个功能不太复杂，可以在一周内实现。”

看来刘总非常认同下一步的变革思路，又有 IT 部门的支撑，事情就更加靠谱了。

我说：“刘总说的没错。月度工作计划最好能纳入考核，可以先拿出 5% 的权重，仅仅考核各部门月度工作计划的及时性，在前期可以选择几个质量比较高的工作计划做示范让大家学习，后期再逐步考核工作计划制订的质量。先把月度计划做好，然后再细化到周计划。”

我在笔记本上画了一张示意图，如图 6－2 所示。

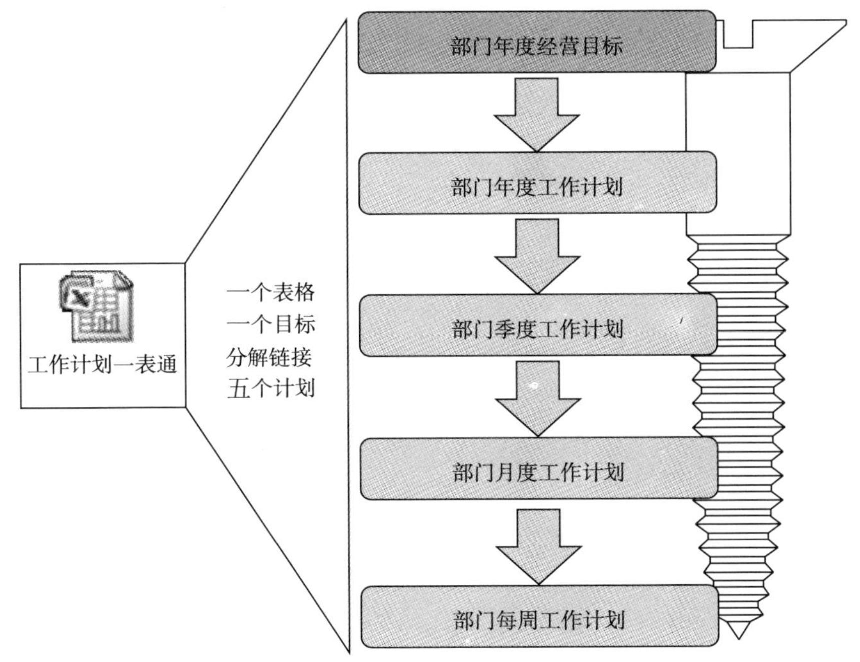

图 6－2　计划“拧螺钉法”

董事长也随声附和："非常好。以前，整个公司基本上都是自上而下要求，但上面的精力是有限的，无法充分发挥下面的积极性。现在要改变思路，一定要自下而上地制订工作计划，最后与自上而下的要求结合。这样，组织能力才能真正建立起来。"

很高兴董事长能想到这一点，我说："是。以前，公司为了考核而考核，其实，考核的最终目的是更好地达成工作目标和培养组织能力。所以，公司应该从绩效考核向绩效管理转变。"

刘总问："绩效管理与绩效考核有什么差别？"

我看董事长也一脸困惑，这正是我想说的重点。我在笔记本上大概画了一张草图（如图6－3所示），说："绩效考核更注重考核方案本身的设计，绩效管理更强调绩效计划的制订、绩效实施过程管理及绩效面谈。"

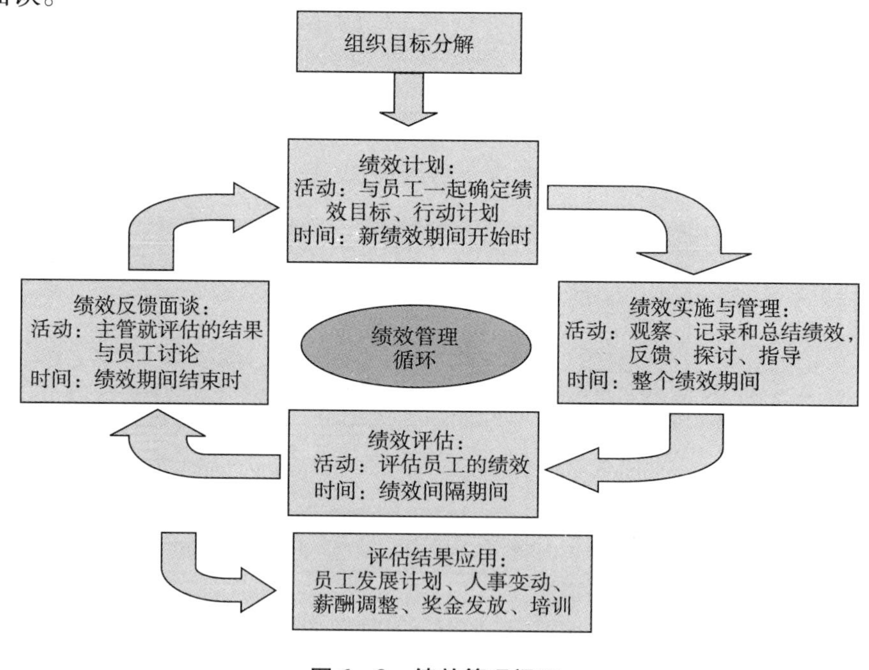

图6－3　绩效管理闭环

董事长若有所思："我明白了，这的确是公司欠缺的。"

"金顾问，要不这样，你这个月抽出两天的时间，我们组织一个有关工作计划与绩效管理方面的培训。"刘总说道。

董事长也非常认同："对，培训非常有必要，最好再增加一些有关管理者角色方面的内容。我认为，目前公司经理团队缺乏这种意识，只知道干活，不知道如何带好团队。"

"好。"大家又对一个重要的变革思路达成共识，我非常开心。

很多企业都不知道如何塑造组织能力，其实很简单，就是放手。只有真正地放手让下属去主动思考、主导工作、去犯错，他们才能成长，组织能力才能真正地释放出来。否则，公司就是老板或者少数几个领导在战斗。

很多企业的管理方法都是一些"优术"，真正能改变企业的是"明道"。从战略梳理到制订年度经营计划，到改革中高层绩效薪酬体系，再到运营计划的建立，通过拧螺钉的方法，再起飞公司实现了公司目标、部门目标和个人目标的协同，启动了组织能力塑造的征程，未来还有很长的路要走，只要坚持就一定会实现管理转型。

第七章
人才变革：激发组织活力

❶
人才变革是根本

转眼又是新的一年，我再次拜访再起飞公司。

没想到大半年的时间，再起飞公司变了一个样。记得我第一次走进再起飞公司的情形，一间间封闭的办公室，有“衙门”的味道。现在则变为隔间式集中办公区，部门经理的办公室也由木门改为玻璃门，宽敞明亮。

走进发展战略部刘总的办公室，发现一个特别的地方，在一面墙上，有一个玻璃白板，这可是一个方便员工随时展开讨论的绝佳工具。

“大半年没见，现在公司面貌改变很大啊！”我对刘总说。

刘总笑着说：“有什么变化？”

“比如，隔间式集中办公区，还有这个。”说着，我指了指墙壁上的玻璃白板。

刘总大笑，说：“这你也看出来了。这两个改变都是月度聚餐时，大家提出来的。以前的办公室设计不利于部门间交流，现在每个经理办公室及会议室都有白板，鼓励大家随时交流，给大家一个透明、开放的空间。”

我说：“看似是小细节，但这才是真正的改变。企业变革不可能一步到位，或者短期内有翻天覆地的变化，要一点点地优化。”

和刘总做了短暂交流后，我们一同去见董事长。

“好久不见，欢迎！”看到我，董事长非常高兴。

还没等我开口，董事长拿起正在审阅的文件，递给我说：“我在看各部门提交的工作计划，你看质量如何？”

我一看，与去年相比，进步很大：“非常好啊。”

董事长说：“经过一年多的变革，公司的精神面貌变化非常大。各部门工作的计划性变化最大，经理团队的经营意识和能力提升也比较明显，去年的目标完成得相当不错。”

“这是好事情。”不过，我心里也明白，管理变革对短期经营目标的达成仅仅发挥了一小部分作用，更直接的推动力来自新的业务策略。管理变革会对公司未来整体发展起决定性的推动作用。

我问：“现在还有什么问题吗？”

董事长说：“最近，的确有一件事情比较烦恼。经过这次变革，大多数部门有了很大改观，但有几个部门的工作没什么起色。很多部门领导资历比较深，自己占着位置，没做好也不好说，下面的人看不到希望。之前，我们谈到的拧螺钉方法很重要，但现在出现了螺钉打滑的现象。”

螺钉打滑，形象地说明了变革执行无法落地。

我说："之前的变革，从战略梳理到经营计划和运营计划，再到中高层绩效与薪酬体系，核心围绕'事'，目的是搭建战略的运营保障体系。现在，要考虑围绕'人'做一些文章。公司中高层基本上都是从公司创业时一起成长起来的，如果池塘的水不循环，最后会变为一潭死水，企业亦是如此。要多给年轻人希望，建立人才梯队、引进人才，这样才能激活组织活力。"

我接着说："或许，我们可以看看民营企业的标杆——美的的用人之道。从 70 年代用北窖人、80 年代用广东人、90 年代用全国人到 21 世纪用世界人，体现了美的用人的开放性与包容性。美的文化的开放性与包容性还体现在大量起用年轻人，自己培养人才。很多老的创业者能力不足，就退出给年轻人机会，不排外，很好地运用了企业机制效应。美的坚持以自主培养为主，每年大量招聘高校高质量的毕业生，建立和完善自主培养体系，同时引进外部专家型人才，充实人才队伍，形成鲶鱼效应。"

"一潭死水，鲶鱼效应。"董事长若有所思，说，"我非常认同你的观点，现在的确到了关注'人'的时候了。那么，接下来应该怎么做呢?"

我说："无非就几件核心事情：一是从大型现代企业招聘一些见过世面、掌握现代管理意识和手段的人才；二是考虑提拔表现优秀的年轻人作为典型和榜样，可以像美的一样实施大学生招聘计划，自主培养人才，逐步优化人才结构；三是可以考虑建立多通道发展的岗位职级体系；四是建立干部管理机制，要从业绩和价值观双重纬度评价干部，真正做到能上能下、能左能右。”

董事长很认同：“你说的几件事情很重要。这么多年来，公司管理团队比较稳定，原来是一件好事，现在反而成为公司发展的瓶颈。一些人思想陈旧、讲老资格、不学习，很难掌握现代管理方法。”

“引进人才的确很重要。自己否定自己比较难，一定要借助外来血液，否则，即使内部学习能力强，也无法满足企业发展的需要。”接着，我给董事长讲了两个人才引进战略的案例。

万科是民营企业的标杆，非常重视引进人才。2001 年，万科业绩稳步增长，营业收入 44 多亿元。行业正处于高速扩张阶段，发展机会多、竞争激烈，万科提出了新的人力资源定位：是集团公司管理者的战略合作伙伴，是企业内部变革的推动者，是方法论的专家。万科高瞻远瞩，提出寻找“千亿”企业的管理者，最出名的行动就是“海盗计划”，即希望通过引进一批成熟的房地产企业的职业经理人，为万科的发展注入活力，为万科推动一系列企业变革提供良好的支持，为走“千亿”之路奠定坚实的基础。

一次偶然的机会，听说东莞有一家面馆味道不错，我就和朋友慕名品尝。味道的确非常好，符合我这个北方人的口味，但餐厅位置很偏僻，就餐环境不太好，拥挤、嘈杂、混乱，唯一的优点就是味道好。

这两年，我发现东莞突然多了很多名为秦关面道的连锁店，味道非常好，而且就餐环境也不错，服务也很好，运营模式很像广州知名的餐饮企业——面点王。后来，我才知道它就是当时的那家小面馆发展而来的。我很惊讶，一是感叹发展如此迅速，二是转型如此成功。

前段时间，和餐饮业的朋友聊天，才解开我心中的困惑。原来前两年，秦关面道招聘了一位面点王的营运经理，老板非常有魄力，对新人也很信任。从此，小面馆开始快速转型为现代模式的餐饮连锁企业，而且在口味方面超过了面点王。

从小面馆快速转型为现代餐饮连锁企业的故事，我们可以再次感受人才引进对企业发展的重要作用。

董事长说："好。我也一直认为在干部管理方面出了问题。我现在还有一个困惑，有些中高层管理者无法跟上公司发展的步伐，但毕竟在公司创业阶段立下了汗马功劳，如果说降职就降职、说辞退就辞退，会不会引起'反弹'？"

我说："要讲究策略。比如，设置缓冲期，连续多少个季度绩效不达标才给予负激励，绩效标准一定要清晰。绩效不好，不一定要降低薪水，只要在下一次薪酬调整周期时不调整即可。"

"你赶紧拿一个方案。"董事长真是一个急性子。

我说："这样吧，我们还是召集中高层开一次会，让大家达成共识，变革措施实施也容易一些。"

董事长说："好，刘总安排一下，下周一开总经理办公室会时，专门留出 1 个小时的时间讨论这件事。”

对“人”的变革更艰难，但这是企业管理的重要落脚点。企业管理最后的回归，一定是以人为本。

②
激活用人机制

周一早晨，我很早就到了再起飞公司，参加每周一次的总经理办公会。

之前，我专门为再起飞公司开发了季度业绩质询会及月度经营分析会的模板，但并没有为总经理办公会设计过模板。

不过，我一眼便看出，这次我拿到的会议材料借鉴了其他两个会议模板的优点，虽然没那么复杂，但突出了数据、趋势分析及闭环跟进的设计。我非常高兴，这说明再起飞公司已经有了自我持续变革的意识和能力。

其他议题完成后，董事长说："今天，我们临时增加了一个议题。经过一年多的变革，应该说已经取得了明显的成效，各部门的工作也越来越有计划性，各经理团队的经营意识和经营能力都得到了提升，整个公司的面貌也改观了。当然，我们还要继续坚持，夯实和深化变革的成果。"

董事长接着说："之前的变革还是围绕'事'开展，现在我们要围绕'人'开展。人是企业经营的根本，没有优秀的人才，哪有好产品、哪有好设计、哪有好营销，更不会有好服务，也就没有好业绩。好的做事方法固然重要，但好的团队更重要。大家谈谈，公司在干部管理方面有哪些地方可以改进？"

大家面面相觑，沉默不语。

看来，变革是渐进的，不是一日之功。

不过，我很高兴董事长现在开始尝试让大家充分表达意见，这有利于逐步消除大家的防备之心，最终营造一个自由、开放的交流氛围。

最后，还是新成立的事业部的肖总打破了沉默："大家都不说，我先来说一下吧。我进公司也就半年多的时间，虽然时间不长，但基本了解了公司人力资源政策。我觉得在干部管理方面，目前的核心问题是论资排辈。我经常听到'楼道里走一走，到处都是总又总'之类的话，虽然有些夸张，但也说明了公司领导多、讲资格。"

大家哈哈大笑，看来，并不是空穴来风。

另一个事业部的老总说："我也认为这是一个问题。与行业其他公司相比，我们公司的经理团队规模更大。"

品管部总监蔡经理也深有感触："我到公司已经八个年头了。公司干部论资排辈的现象的确很严重，从进入公司到现在，我只看到升职，还没看到哪个干部降职，难道所有的干部都非常优秀？为什么只能升不能降呢？"

研发中心的张总随声附和："是啊，只升不降。这几年也有一些部门发生违规的事情，除了罚几百元钱外，也没什么惩罚措施。我认为，干部不能光讲业绩。"

发展战略部的刘总说："我认为，公司目前缺少干部评价的标准。现在的干部基本上都是领导直接任命的。"

“现在干部团队能力参差不齐，也有很多无奈。很多人被提拔做主管是因为不提拔待遇就上不去，待遇上不去，人就留不住。但他们不一定有管理能力，整个部门处于失控状态。”财务总监冯总又提了一个原因。

大家你一言我一句，看来大家对干部管理制度早有意见。

董事长说：“今天，我很高兴看到大家能打开心扉，我也很感动。在这方面，我也要做检讨，我比较心软，说得不好听就是老好人。干部犯错后，考虑到大家有功劳，所以就算了。但这伤害了其他有功劳的人，这是最大的不公平。我们要建立干部的选拔、晋升和降职标准，业绩是干部评价的一个重要标准但不是唯一标准。我们要建立多个职业发展通道，技术好的人提拔到管理岗位，不但带不好团队，而且他可能还不愿意，抑制了他继续发挥技术方面的才能。”

董事长接着说：“今天，我请金顾问讲一下干部管理方面的想法。”

我先给大家投射了一张照片（如图 7－1 所示）。

我说：“之前，在与各个部门访谈、调研的过程中，我也了解了一些干部管理方面存在的问题。这至少说明，公司中高层团队对这些问题达成了共识，希望做一些改变。”

我指了指照片说：“上周，我和董事长就公司干部管理问题进行了交流。这是我在回去的路上构思出来的，基本能表达我对这个问题的看法。干部管理对一个企业的组织活力至关重要，如果中高层干部团队没有活力，整个企业就像一潭死水。干部管理的目的就是通过制订一些标准，使干部能上能下、能进能出，升职有理、降职有据。公司的快速发

图7-1 干部管理的目的

展需要适时引进合适的高端运营人才，通过职业经理人快速提升整个公司的运营规范模式和执行力。同时，淘汰掉不能跟上公司发展的人。干部能左能右，让合适的人干合适的事，所以，内部循环非常重要。”

我详细阐述了自己的干部管理理念、美的的用人之道。最后，我说：“接下来，我们将用两个月的时间，建立多职业发展通道、重新修订干部管理制度，确保人才多样化发展、干部评价有科学的标准。”

③ 疏通多职业发展通道

在企业发展的初级阶段，很多企业会忽略职业发展通道的设计。无论是谁，只要表现好，就可以从基层员工提拔为主管，再提拔为经理，甚至总监等。

企业规模小的时候，这个问题不太突出，因为管理团队本来就不大，老板或几个核心管理者可以通过个人的能力弥补个别管理者的不足，况且在这个阶段，大多数经理人并不需要发挥管理职能，更多的是扮演执行角色，只是工资提高了、称谓变了而已。当企业规模迅速扩大后，就像再起飞公司一样，组织能力上不去、优秀人才无法得到提拔等问题就暴露出来了，严重影响了公司的发展。这时就必须解决这些问题，否则，很容易造成人才流失。

多职业发展通道设计首先要进行岗位梳理，然后进行岗位价值评估。所谓岗位价值评估，就是区别每个岗位对公司的贡献差异。如果不进行岗位价值评估，企业就会出现价值混乱。比如，大家都认为经理比主管重要、总监比经理重要，其实并非如此，进行岗位价值评估就是要从基于行政层级的等级体系转变为基于岗位价值的等级体系（如图 7－2 所示）。

每个公司的战略、商业模式、核心竞争力都有差异，同样的岗位在不同公司的价值差异可能会非常大。这就决定了岗位价值很难完全用量

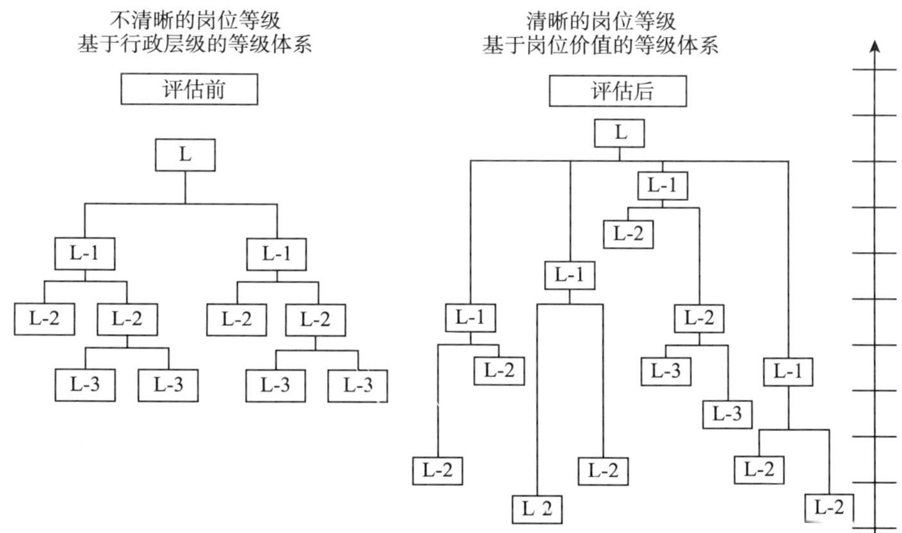

图7－2　基于行政层级的等级体系和基于岗位价值的等级体系

表进行精确定位，必须借助专家团队的经验。比如，IT 人员在科技公司可能非常重要，有必要针对该岗位专门设计职业发展通道。但在 IT 为非核心价值链环节的企业，可能不需要 IT 人员有多么精湛的技术，这个岗位可能与其他一般文员/专员对公司的价值是相等的，这时，就不会专门设计 IT 人员专门的职业发展通道。

总之，公司为哪些岗位设计专门的职业发展通道，以及这些发展通道的具体设计，要反映公司的战略、商业模式及核心竞争力。否则，设计多职业发展通道的价值也不大。

再起飞公司在设计多职业发展通道时，发现了一个有趣的现象，参与讨论的人总认为自己部门的相关岗位最重要，倾向于设计有针对性的职业发展通道。经过多次讨论，再起飞公司最终确定了五大职类（如表 7－1 所示）。

表 7－1　职类、职等、职档、职衔表

职等	职级	职档	管理类（M）		职等	职级	职档	技术类（T）			职等	职级	职档	行政（A）	职等	职级	职档	销售（S）		职等	职级	职档	操作类（O）		
			集团	工厂				研发	品质	工艺				职衔				5亿元以上的事业部	5亿元以下的事业部				直接操作	操作技术	操作管理
			职衔	职衔				职衔	职衔	职衔								职衔	职衔				职衔	职衔	职衔
23	M6		集团总经理		23						23				23					23					
22	M5	二档	集团副总经理		22						22				22					22					
21		一档			21						21				21	S5	四档	销售总经理		21					
20	M4		集团中心总经理	厂长	20	T6		首席工程师			20				20		三档			20					

续表

职等	职级	职档	管理类（M）		职等	职级	职档	技术类（T）			职等	职级	职档	行政（A）	职等	职级	职档	销售（S）		职等	职级	职档	操作类（O）		
			集团 职衔	工厂 职衔				研发 职衔	品质 职衔	工艺 职衔				职衔				5亿元以上的事业部 职衔	5亿元以下的事业部 职衔				直接操作 职衔	操作技术 职衔	操作管理 职衔
19	M3	二档	集团总监		19	T5	二档	资深工程师			19				19		二档	销售总经理	销售总经理	19					
18		一档		副厂长	18		一档		资深工程师		18				18		一档			18					
17	M2	四档	集团经理		17	T4	二档	高级工程师			17				17	S4	三档	销售总监		17					
16		三档			16		一档		高级工程师	资深工程师	16				16		二档			16					

续表

职等	职级	职档	管理类（M）		职等	职级	职档	技术类（T）			职等	职级	职档	行政（A）	职等	职级	职档	销售（S）		职等	职级	职档	操作类（O）		
			集团 职衔	工厂 职衔				研发 职衔	品质 职衔	工艺 职衔				职衔				5亿元以上的事业部 职衔	5亿元以下的事业部 职衔				直接操作 职衔	操作技术 职衔	操作管理 职衔
15		二档	集团主管	主任	15	T3	三档	中级工程师			15	A4	二档	高级专员	15		一档		销售总监	15	O4	二档		高级技师	
14		一档			14		二档		中级工程师	高级工程师	14	A3	一档		14	S3	四档	销售经理		14		一档			
13	M1	四档			13		一档				13		三档	中级专员	13		三档			13	O3	三档		中级技师	
12		三档			12	T2	五档	初级工程师	初级工程师	中级工程师	12		二档		12		二档		销售经理	12		二档			主管
11		二档			11		四档				11		一档		11		一档			11		一档			

续表

职等	职级	职档	管理类（M）集团 职衔	管理类（M）工厂 职衔	职等	职级	职档	技术类（T）研发 职衔	技术类（T）品质 职衔	技术类（T）工艺 职衔	职等	职级	职档	行政（A）职衔	职等	职级	职档	销售（S）5亿元以上的事业部 职衔	销售（S）5亿元以下的事业部 职衔	职等	职级	职档	操作类（O）直接操作 职衔	操作类（O）操作技术 职衔	操作类（O）操作管理 职衔
10		一档			10		三档			初级工程师	10	A2	三档	初级专员	10	S2	三档	高级销售代表	高级销售代表	10	O2	六档	普工	初级技师	
9					9		二档				9		二档		9		二档			9		五档			班组长
8					8		一档		助理工程师	助理工程师	8		一档		8		一档			8		四档			
7					7	T1	二档	助理工程师			7	A1	三档	助理专员	7	S1	三档	销售代表	销售代表	7		三档			
6					6		一档				6		二档		6		二档			6		二档			

续表

职等	职级	职档	管理类（M）		职等	职级	职档	技术类（T）			职等	职级	职档	行政（A）	职等	职级	职档	销售（S）		职等	职级	职档	操作类（O）		
			集团	工厂				研发	品质	工艺				职衔				5亿元以上的事业部	5亿元以下的事业部				直接操作	操作技术	操作管理
			职衔	职衔				职衔	职衔	职衔								职衔	职衔				职衔	职衔	职衔
5					5						5		一档		5		一档			5		一档			
4					4						4				4					4	01	四档	辅工		
3					3						3				3					3		三档			
2					2						2				2					2		二档			
1					1						1				1					1		一档			

管理类：管理职类是指具有明确的管理职责和一定的管理幅度，主要负责领导、决策、计划、组织、指挥、控制、协调和人员管理职能的职位，管理序列职位对本单位的绩效负主要责任。

技术类：指在一个或多个专业技术领域内，从事对专业理论、知识技能或实践经验有一定要求的专业技术工作的职位。从事技术的研发、设计、维护等与技术直接相关的工作，对公司的产品和客户应用环境有深刻了解，对企业产品技术水平在行业中的先进性承担直接责任。具备一定的专业技术知识，完成专业性的任务，对本人的工作负责，独立做出专业判断。

行政类：具有一定的专业技能，通过对其他部门提供支持而对公司业绩产生间接影响，为公司运营提供职能管理与服务的支持，能对公司管理或业务提供专业化支持。

销售类：直接面对客户，需要承担一定的销售任务，借助营销专业知识完成工作任务；从事公司产品销售等与产品销售直接相关的工作，能够引导客户需求，将需求转化为订单并实现回款；以市场占有率、销售收入和回款作为主要工作目标的岗位，按销售目标责任管理。

操作类：指常规性工作较多、技能要求相对单一、以基本操作作业为主，与生产制造联系密切的工作的职位。操作类人员的时间主要用来操作工具、设备、仪器，完成操作性的任务。

完成职类、职等、职档、职衔表设计只是第一步，还需要建立岗位任职资格体系，这样才有管理基础。考虑工作的复杂性，再起飞公司首先对其中几个急需解决问题的岗位进行了任职资格标准的制订工作。

多职业发展通道的设计为人才多样化发展提供了可能，实现了公司和个人的双赢。

基于岗位任职资格，变革办公室最终制订了全新的干部管理制度。干部管理制度强化了绩效文化，并综合考虑与公司价值观的一致性及管理能力等方面的表现。干部管理制度的建立本身是一件很简单的事情，但坚持并严格执行并不是一件容易的事情。

任重道远，在奔跑中蜕变

再起飞公司的管理变革，我现场跟踪了一年半的时间，这恰恰是整个战略闭环从设计到落地完成第一个轮回的时间。

后来因为其他咨询案的原因，时间和精力上不容许我再为再起飞公司提供现场服务，但我一直比较关注它的成长，经常通过微信朋友圈关注变革带给它的点滴变化。

有一次，再起飞公司的一名销售人员在微信的朋友圈里晒了一张照片，应该是在飞机起飞前，在座位上拍摄了几叠百元大钞，大意是说业绩节节高，对绩效斩获非常满意。我很高兴，这说明组织机制已经在运转并发挥作用，组织活力逐渐释放出来。

有一天晚上，已经接近11点了，我还在为另一个咨询案写策划，公司微信群里收到老板的一条消息："今晚和再起飞公司董事长喝酒，他感谢我们的顾问团队一年的服务，他觉得打下了很好的管理基础，组织活力得以激活，今年利润是去年的10倍。做咨询能得到客户的认可是一件极有成就感的事情。"

我知道公司利润能在短期内增加几倍与行业复苏有关，最直接的影响因素应该是产品力和营销，组织机制仅发挥了很小的作用。但我相信，机制的力量是惊人的，这是快速成长型企业的必经之路。企业唯一要做的就是坚持完成蜕变，毫无退路可言。

也许，对再起飞公司而言，这场变革的内容并不重要，重要的是大家对变革的必要性和方向已经达成了共识，而且一直在路上。

再起飞公司的变革还将继续下去，幸好，公司已经具备了自我反思和持续改善的能力。公司不会因为变革停滞不前，是在奔跑中完成蜕变的，这个征程充满了挑战，需要公司面对。

对再起飞公司而言，我仅是公司征途中某一小段路的引路人而已，“扶上马，送一程”是我的使命。

后　记

建立组织的持续变革能力

再起飞公司的变革是非常顺利的，虽然企业都希望所有的变革都取得圆满成功，但是很多企业的变革并非一帆风顺，随时都面临失败的危险。事实上，企业变革多以失败而告终。所以，我想谈谈自己对变革管理（而非变革内容本身）的思考。

有一次，我给国内某细分行业领导者企业做咨询，这家企业也是快速成长型企业。该企业发展迅速，总经理也是一个非常有魄力的领导者，而且擅长变革管理。公司管理频繁变革，基本上都取得了成功，在细分行业打败了国际巨头企业。和该企业的合作，让我彻底反思了变革管理的重要性。

2011 年，该企业总经理接触流程管理方法后，深感对企业的重要性，所以，计划引入流程管理方法，提高内部协同和端到端管理业务的能力，最终向流程型组织转型，提高业务的灵活性。变革的第一步就是让中高层具备流程的意识。

当企业进行重大管理变革时，达成变革共识是非常重要的。我给很多企业提供过服务，见过太多的例子。公司领导非常重视变革，但仅仅召开小范围的沟通会，就认为公司上下已经对变革达成了共识，结果在变革执行过程中发现公司上下对变革充满迷茫或反对变革。甚至变革已经结束了，很多人还不明白公司为什么要进行变革，变革的效果可想而知。但该企业总经理的做法并不像其他企业——仅仅通过会议宣讲，他专门组织了一次读书会，而我有幸作为专家评审参与，整个读书会经过周密的策划。

步骤1：总经理让人力资源部门购买了一批流程管理的书籍，提前两周发给全国所有的中高层管理团队阅读。

步骤2：总经理要求全国所有的中高层管理团队提前一周把所有的工作安排好，然后集中在一个远离市区、相对偏远的五星级酒店正式启动读书会。选择郊区的五星级酒店，是为了让大家在完全放松、相对隔离的环境下，全身心学习新管理方法。

步骤3：前三天，所有中高层集中时间阅读下发的流程管理书籍，并分组提炼、总结。要求每个小组根据对每个章节知识的理解，做成汇报PPT，而且要结合实际工作案例。值得其他企业学习的是，每个小组非常努力，几乎每天都讨论到凌晨两三点才结束，这和很多企业培训抱着放松和旅游的心态截然不同。有一次，有一个小组邀请我参加他们的讨论，当时已经凌晨2点了，有一个成员突然想到一个非常有创意的历史故事可以把本章节的知识点串联起来，小组成员又分工重新做汇报PPT。

步骤4：接下来的三天，分成六个小组，按目录逐个章节分享。一个小组分享完，其他小组可以质询，然后，总经理和我做一些点评，最后每个小组分别打分。

步骤5：留出半天时间，各小组再围绕一个议题交流“如何在企业推广流程管理”，让大家共同思考和提出下一步工作计划。

步骤6：给优秀小组颁奖。

这是我从事流程管理推广工作以来，唯一一次以这种形式导入，也是最成功的一次，成效出乎我的意料，甚至从来没想到企业第一次接触流程管理，中高层竟然能理解得如此透彻。

针对此事，我特别与总经理做了一次沟通：“你怎么舍得花这么多钱办这个读书会?”

“这次读书会，从策划到最终落实，花了1个多月的时间，人力资源部提出的方案让我打回去很多次，我一直让人力资源部门思考读书会的价值及如何达到目的。所以，很多细节都进行了充分的考虑。比如，选择五星级酒店，就是让大家放松，房间全部是单人间，就是让大家看到公司在学习方面是舍得投入的，这次读书会的花费近50万元。选择相对偏僻的五星级酒店，是因为我要让大家有一个相对与世隔绝的环境，酒店周围连小超市都没有。很多人向我反映，这么多天从来没走出过大厅，这就是我想要的效果，否则，如果在海边或者闹市，大家还不天天玩。”总经理说完哈哈大笑。

我非常认同总经理的做法，但也提出了一个疑问：“很多企业的做法是发给大家一些书籍，然后让大家学习。你认为这种做法的问题是什么?”

总经理说："很多企业甚至不发书，领导在会议上说大家可以看什么书。结果，没几个人买来看，而且领导自己看没看都是一个未知数。即使你把书发到大家手里，又有几个人真正肯花时间读完。现在的人太浮躁，平时工作也很忙。"

"你知道我为什么可以对各组的汇报做评价吗？"总经理反问我。

"为什么？"我也正疑惑，因为我和总经理作为评审需要对每个小组的汇报进行点评，我发现总经理对流程管理的理解非常到位，但他也是刚刚接触流程管理。

"光安排读书会还不行，如果我不参加，学习的效果不一定好。我前几天在香港时，晚上都睡不好，因为我也在看这本书，看了很多遍，而且认真思考了。"说着，总经理翻看了他的书，密密麻麻地做了很多标记。

时隔多月，在为该企业提供咨询服务时，我发现流程的理念已经完全渗入中高层的管理意识中。中高层人员在谈及问题时，不时地结合当初学到的理念和方法，而且已经有一些工作在推动了。这是我见过的学习能力及变革能力最强的公司，让我受益匪浅。

还有一件事，让我思考变革管理（而非变革内容本身）的重要性。

经过几轮沟通，我和总经理就变革的内容达成共识。正当我认为可以签订合同启动工作时，总经理问了一个问题："如何确保项目成功？”

这个问题还真把我问糊涂了，我已经详细介绍了变革组织的组建、变革的整体计划及定期的沟通汇报机制，难道还不够吗？

总经理看我有些诧异，说：“我宁愿多花一些时间讨论这次变革可能会遇到哪些问题，先想好对策。否则，变革一旦开始，中间再调整就难了。我知道你刚才已经介绍了要组建联合项目组推进工作等，但我还想了解，这个变革项目对项目经理有什么具体要求？应该由谁担任项目经理呢？公司需要提前做哪些准备工作呢？”

……

最后，我们为弄明白如何避免变革失败开了五次研讨会，才正式启动变革项目。

俗话说：“失败是成功之母。”这话一点也不假，只有舍得花精力反思变革失败的原因，我们才能组织有效的变革。在失败中，往往最容易发现关键的成功要素。

越反思，越能明白企业变革需“过五关斩六将”，失败是常态。我为此还绘制了一个企业变革失败路径图（如图1所示）。

很多企业缺乏变革需求管理的机制，其实，变革需求管理至关重要。首先，可能由领导或部门提出变革的需求，但仅仅是一个方向，存在的问题是什么、如何变革、变革的重点是什么，都需要有一个专门的公司级变革组织（可以是虚拟组织，比如，很多企业成立了效率提升小组或变革委员会）对变革需求进行汇总，然后组织相关部门研讨分析，最终正确选择公司变革的重点。很遗憾，很多成长型企业多靠领导

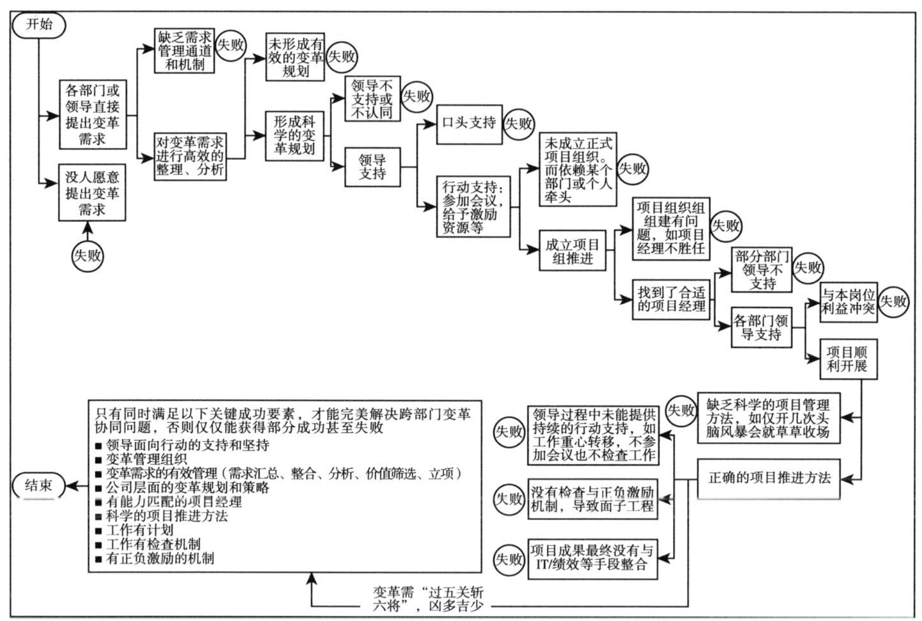

图 1　企业变革失败路径图

直接提出变革需求，缺乏严谨的论证和推进。

当企业有了变革规划后，领导可能也很支持，但口头支持多。一是领导还有很多事务占用精力，如果变革事项过多，就要反思变革规划是否出了问题，而不是要求领导对每个变革事务都投入必要的精力；二是领导往往没有意识到自己也需要投入很多精力，缺少了领导的参与和持续关注，很多变革项目最终都会变成“欺上瞒下”的形象工程。

即使领导支持某项变革，也仍然会失败。因为很多企业习惯直接指定某部门牵头完成此项工作，而没有成立项目团队。实际上，由某个部门牵头组织其他平级部门完成重大管理变革的可能性极小。

即使公司成立了项目团队，也会面临失败。无法找到匹配的项目经理是变革失败最常见的原因之一。比如，某项变革理应由人力资源部门牵头完成，但人力资源部门没有合适的项目经理，赶鸭子上架绝对不是一件好事情。

找到了合适的项目经理，还是无法确保变革成功。因为还需要各部门真正的支持，特别是与各部门及岗位利益有冲突时，就会导致变革失败。有些变革则会因为缺乏必要的检查机制、激励机制最后变成某个部门的“独角戏”，其他变革可能因为变革方案没有落实到IT及绩效等手段上，导致无法真正落地。

所以，只有同时满足以下关键成功要素，才能完美地解决跨部门变革协同问题。

（1）领导的行动支持和坚持。

（2）变革管理组织。

（3）变革需求的有效管理（需求汇总、整合、分析、立项）。

（4）公司层面的变革规划和策略。

（5）有能力匹配的项目经理。

（6）科学的项目推进方法。

（7）工作有计划。

（8）工作有检查机制。

（9）有正负激励的机制。

在移动互联网时代，客户需求日新月异，行业价值链在聚变，所以，变革将成为企业的常态。快速成长型企业发展过程中遇到问题实属正常，企业应该拥抱变革并建立持续变革能力，这是未来企业的核心竞争力所在。当大家对变革的态度不是惶恐而是习以为常的时候，也许公司才能真正完成蜕变。

致　谢

能完成此书，首先要感谢佳杰科技（中国）的冯缨女士。佳杰科技（中国）是中国第二大 ICT 分销商，ICT 分销行业的特点及运作模式决定了企业必须有超凡的运营效率和管控能力，这恰恰是冯缨女士的职责，她历任管理中心总监、大商务部总经理、财务总监，是国内管理控制方面有丰富经验的职业经理人。

我有幸加入佳杰科技（中国）并在她的领导下工作近三年，所以，有机会接触并感受到管理控制技术的魅力。可以说，如果没有冯缨老师引导我认识并学习管理控制这门实践性非常强的技术，本书就无从谈起。只是当时没有完全理解管理控制技术，所以，没有完全用心学习和深究，现在看来，这真是最大的遗憾。

在我给其他企业提供相关方面的咨询服务时，我时常会回忆冯缨老师是如何运用管理控制技术的，这是我运用这方面知识理论及实践的参照标杆，我将会终身受益。

后来，我加入 AMT 咨询为客户提供咨询服务，在这个领域有幸得到了众多前辈的指导，比如，联合创始人王玉荣女士、高级副总裁侯波先生、研究院院长葛新红女士、副总裁程鹏先生、副总裁徐志科先生、消费品行业线总经理肖志先生，从某种意义上讲，此书是集体智慧的结晶，在此一并感谢。

同时，我也非常感谢 AMT 咨询。AMT 咨询不但为我提供了应用和探索各种管理技术的平台，而且 AMT 咨询本身就是一家典型的快速成长型企业。所以，我对管理控制技术的很多理解都是基于我对 AMT 咨询自身发展历程的思考基础上得出的。我在给其他企业提供咨询服务时，经常会问自己几个问题：AMT 咨询之前是如何解决这个问题的？AMT 咨询在解决这些问题时，有哪些经验？AMT 咨询会如何解决这个问题？

所以，AMT 咨询对我而言，是一个非常卓越的快速成长型企业的“原型机”，可以帮我解决很多实践困惑。

谈及此书的来由，我还要感谢《AMT 前沿论丛》的执行主编张静女士的约稿，本来需要一篇命题作文，但近两年工作实在太忙而且不喜欢命题作文，因为我每次写命题作文都备受煎熬，总觉得有限制。我平时喜欢琢磨企业管理方面的事情，写篇文章不算难，但因命题作文的缘故却要“苦思冥想”，要花费很多时间。所以，我想以“如果不写命题作文，我可能还有时间写一些文章”为由推掉。不过，张静女士不依不饶，提出在《AMT 前沿论丛》上专门为我开辟一个专栏，采取每月连载的方式，题目与形式都由我决定。这样一来，我就没有推脱的理由了。

我于 2012 年 5 月开始写此书，因为平时工作忙容不得分心，所以，只有在周末或“碎片”时间写作。实际上，此篇自序的初稿就是出差途中，我在机场候机时，在充电台旁一边充电一边站着写完的。

过程中倒是有想放弃的时候，因为第一次以这种形式驾驭这个题材本身就有难度，而且有几次甚至感觉“江郎才尽”、无法完成，但想到张静女士的信任和自己的自尊，最后还是坚持下来了。其实，每个月写一篇文章非常痛苦，因为每次都要思前想后，艰难进入场景后再向前推进一段，下个月又要重复同样的痛苦。所以，很高兴还有国庆节和春节，可以抽几天时间一鼓作气完成，只是耽误了和家人一起过假期的时间。在此，多谢家人的理解和支持。

写书是很辛苦的，但一想到此书会对一部分人产生价值，再劳累也不算什么。由于个人经验所限，本书还有很多不足之处，但我想及时把自己的思考传播出去，因为价值只有传播出去才有生命力。

成长型企业管理转型是一门实践性极强的学问，虽然我已经在这个领域研究和实践了多年，但仍觉得只是一知半解。如果把已了解的圈成一个圆，会发现自己了解得越多，圆外面未知的部分越多。

我希望和大家保持沟通，共同推动成长型企业管理转型这门实践科学的发展。在阅读本书及工作中遇到任何问题，大家都可以通过发邮件等方式与我交流。

附录 1　AMT 咨询的《企业战略落地能力自测表》

企业的成功，不仅要有宏伟的战略目标，还要有把战略落地实现的能力。这种能力是一种系统能力，是一种企业级的能力，是一个“战略执行保障体系”，不仅仅是个人执行力。

为了了解企业的战略落地能力现状，可以遴选企业关键的领导代表、经理代表、骨干代表和员工代表填写本问卷。

本问卷的结构

本问卷的问题从整体结构上分为五个部分，每个部分有 20 个问题。

（1）企业在“战略明晰和核心能力聚焦”层面的落地能力。

（2）企业在“战略管控”层面的落地能力。

（3）企业在“流程运营”层面的落地能力。

（4）企业在“IT 支撑”层面的落地能力。

（5）企业在上述四个层面能否彼此协调和持续改进。

这些问题结构来自于 AMT 咨询多年来为上百家企业提高战略落地能力的实践，AMT 咨询对“战略执行保障体系”（战略执行保障体系，Strategy Implementation Supporting System，简称 SISS）的理解如图 2

所示。

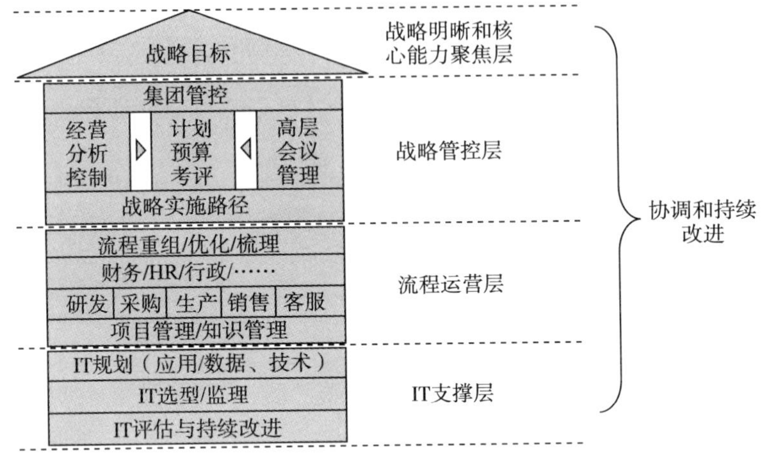

图 2　战略执行保障体系

填写说明

本问卷为无记名问卷，您所提供的信息将被严格保密。问卷中的选择题，只能选择一个答案，请保证答案是自己独立判断得出的、是具有事实依据的。

关于填写人的情况，请标注：

1. 目前所在的职位类别（　　）

A. 董事、总经理或公司高层　　B. 总监级

C. 部门经理级　　D. 主管级

E. 一般职员

2. 您所在的部门（　　）

A. 集团或集团职能部门

B. 业务类部门，对基层业务部门有指导和管理作用

C. 业务类部门，属于基层部门，接受指导和管理

3. 您进入本企业的从业时间是（　　）

A. 10 年以上　　B. 6～10 年

C. 3～5 年　　D. 0～2 年

4. 您的年龄（　　）

A. 50 岁以上　　B. 40～49 岁

C. 30～39 岁　　D. 20～29 岁

E. 20 岁以下

5. 您的最高学历（　　）

A. 博士　　B. 硕士

C. 本科　　D. 大专

E. 中专及以下

以下题目（如表 1、表 2、表 3、表 4、表 5 所示）有助于了解贵公司目前在五大层面的落地能力：5 分表示完全能够做到而且已经形成规律和习惯；4 分表示有时能做到；3 分表示正在做但还没有实现；2 分表示还没有开始做但已经制订了计划；1 分表示还没有制订这样做的正式计划或者根本没有意识到需要做。

表1　战略明晰和核心能力聚焦

战略明晰和核心能力聚焦	1 无	2 已计划	3 正推进	4 有时做	5 总是很好
(1) 公司有明确的使命、经营理念，已经形成文字，可以在工作场所或者工作手册中看到对公司使命、经营理念的宣传贯彻					
(2) 对未来3~5年的发展，公司制订了明确的中长期战略目标，我知道这些目标					
(3) 对未来1~2年的发展，公司制订了明确的短期战略目标，我知道这些目标					
(4) 各个职能部门也围绕战略开展工作，分别制订了符合总体战略的职能战略，比如，营销战略、研发战略、人力资源战略、财务战略等，这些职能战略的目标会成为责任人的年度考核指标，影响该责任人的年度绩效评价					
(5) 围绕战略如何实现，公司上下已经在积极研讨策略和途径，即把战略目标分解为战略执行的配套措施					
(6) 公司核心领导层对战略目标及相应的战略执行配套措施已经达成共识，这些共识是通过研讨会、工作坊、质询会、企业大学培训会等民主参与的方式取得的，不是少数领导拍脑袋得出的					
(7) 公司对战略及战略执行配套措施进行广泛宣传（如条幅、张贴、员工大会等）					
(8) 有专门部门和人员负责公司的战略规划和落地执行情况的检查跟进工作					
(9) 公司有明确的战略制订流程，即每年何时开始战略研讨、何时战略定稿、何时战略发布、分别是哪些人员参加					
(10) 为了达成战略，公司明晰了需要建立哪些关键的核心能力，这些核心能力是独特的、难以仿效的，对客户有价值的、能长期积累的					
(11) 公司在产品和品牌方面具有核心能力，主导产品在目标市场的占有率排在前三名，核心产品具有很高的品牌知名度及美誉度，已经围绕“知名度和美誉度如何提高”制订了可操作的工作计划					

续表

战略明晰和核心能力聚焦	1无	2已计划	3正推进	4有时做	5总是很好
(12）公司在研发和创新方面具有核心能力，每年有固定比例的资金投入研发，研发团队的工作达到标准化、规范化管理的水平，新产品推出的计划能够如期执行而不是延期上市					
(13）公司在供应链管理、全链条成本精益运营方面具有核心能力，对供应商和采购物资制订了不同的管理政策，通过发展战略性供应商不断提高采购集中度，与供应商制订了降低采购成本的双赢计划					
(14）公司在整合并购方面具有核心能力，积极整合外部资源以求发展成为共识，并购前会开展量化的可行性分析工作，并购和并购后的整合工作是流程化的，各个步骤是经过研究设计的，能够借鉴以往并购的经验和教训					
(15）公司在财务运营方面具有核心能力，数字化量化管理成为习惯，财务部门能够走出账房，为业务负责人达成业绩提供帮助，有专职人员负责运营效率和质量的量化分析和改善工作					
(16）公司在人力资源管理方面具有核心能力，员工主动离职率低于行业平均水平，员工的职级发展通道清晰，薪酬绩效体系能够支撑公司实现战略目标，企业特色文化深入人心					
(17）公司定期研讨“公司的核心能力是什么”，聚焦核心能力，对非核心能力制订外包策略					
(18）公司已经和一些有交付能力的外包公司开展合作，从而在人员编制不增加的情况下带来业务增长、支持战略扩张					
(19）公司有明确的机制对战略和核心能力进行定期回顾（如每季度或每半年的战略回顾会)，与会者会用科学的模板和事实数据，对战略执行情况和核心能力建设进行回顾、比照差异、寻找纠偏措施					
(20）公司有明确的机制对战略和核心能力进行检验调整（如每年的战略检验调整会)，参会者会客观分析外部竞争情况，评估和检验核心能力，修正战略					

表 2　战略管控

战略管控	1 无	2 已计划	3 正推进	4 有时做	5 总是很好
(1) 目前集团总部的定位和管控模式是清晰的、科学的，明晰是财务管控型、战略管控型还是操作管控型，出台的各种管控制度和上述管控模式是吻合的而不是违背的					
(2) 纵向来看，集团对各下属公司或者下级业务单位有明晰的授权责任书，各种审批流程中的权责分工清楚					
(3) 横向来看，集团各职能部门彼此之间有清晰的分工和授权，避免了对下属业务单元的多头管理					
(4) 我所在岗位有明晰的使命、职责、绩效目标，而且我知道，对我的工作的要求和公司战略的达成是相关的					
(5) 我拥有行使职责所需要的权限和资源，如果权限和资源不足，知道通过什么渠道沟通和争取					
(6) 公司各部门的职能清晰，职责和权力相匹配，一旦发现有推诿扯皮的情况，知道用什么方法解决（如定期流程优化会议、运营改善小组等）					
(7) 目前公司组织结构能有效支撑战略目标的达成，组织结构的设计体现了对战略目标的追求，总体上是根据岗位需要因岗配人，而不是基于目前的岗位人事现状再调整组织结构					
(8) 公司组织能及时根据战略和业务/管理需要做出相应调整，调整原因会正式发布和解读					
(9) 公司每年会在固定的时间制订战略、分解战略、制订计划、明确预算，何时做这些事情好像有一个有规律的“时钟”在运转，而不是匆忙地推进这些事情，导致每年预算何时出台都无法预期					
(10) 公司有明晰的预算制订计划和差异调整流程，预算是根据业务的计划而编制的，而不是笼统分解、根据领导意志拍板决策的					
(11) 对下一年度的工作，公司会制订整体的业绩目标和全年运营计划					

续表

战略管控	1 无	2 已计划	3 正推进	4 有时做	5 总是很好
(12) 我清楚所在部门的使命、年度目标，部门已经制订了实现目标的全年运营计划，部门每个月的工作都围绕全年目标推进并得到检查					
(13) 我清楚所在岗位的年度目标，已经制订了实现目标的全年工作计划，上级和我们沟通了上述目标和计划，我能够从上级那里得到帮助					
(14) 各个部门的目标达成情况和工作计划完成情况会被纳入绩效评估，评估的结果用于人员的晋升、薪酬调整与发放、培训提高等方面					
(15) 员工受到“精神＋物质”的双轮驱动而高效率地工作，既清楚职业发展的向上通道，又对公司薪酬分配的公平性满意，认为自己的薪酬在同行业同等岗位中不被低估					
(16) 公司至少每季度对运营情况进行回顾分析，并及时采取相应举措改善运营情况					
(17) 公司高层和各部门经理能从计算机上第一时间看到自己最关心的至少 3 个运营指标，这些指标不需要专人再花时间手工整理					
(18) 公司高层和部门经理的会议安排有序，为了避免突发会议，公司采取了一些实用的方法，如会议地图、会议卡片、工作日历共享等					
(19) 我参加的会议总体是高效率的，会议主持人会明晰会议的目的，会议准备充分、会议议程清晰，迟到现象和每个人的发言时间得到控制，形成了决议					
(20) 公司对于如何推进变革、转型和提升具有丰富的经验，无论是未来三年战略如何分解，还是一个运营方面的问题如何改进，都可以通过一些方法落地（如战略实施路线图、任务卡片、专题改善小组等）					

表3　流程运营

流程运营	1 无	2 已计划	3 正推进	4 有时做	5 总是很好
(1) 公司目前强调一体化、协同、打破部门壁垒、按流程办事等理念，并得到80%以上的经理层人员的认同					
(2) 我知道“部门分割，各管一段”的弊端，为了避免推诿和扯皮，我已经领导和参与了一些流程梳理、流程优化的工作					
(3) 公司业务流程制度的制订是经过相关部门共同讨论并达成共识的，不是某个部门独立工作然后发布文件					
(4) 公司各方面的流程描述方法统一，简明易懂，配套的文字说明和操作手册很实用					
(5) 公司的日常业务按照流程图和操作手册的要求执行，而不是严重的“两张皮”现象					
(6) 公司各部门之间的沟通顺畅，按照流程协同成为共识，而不仅仅依靠经理人个人的沟通能力和推动力					
(7) 需要其他部门协作的工作，我会向对方提出明确的时间和质量要求					
(8) 我可以列举出密切配合工作的两个部门或岗位，它们的工作产出在时间上和质量上能满足我的需要					
(9) 我所在的部门与其他部门协作时发生了问题，通常会参照相关流程/制度解决；如果相关流程有缺口和盲点，会补充、完善该流程					
(10) 流程优化是常见的事情，不是工作的进度和质量出了重大失误的情况下才启动流程优化					
(11) 公司目前的工作流程如果是面向客户的（如客户投诉流程、订单处理流程等），能根据客户满意度不断优化和改善					
(12) 公司目前的工作流程如果是面向供应商和合作伙伴的（如采购付款流程、到货验收流程等），能根据供应商的反馈进行不断的优化和改善					

续表

流程运营	1 无	2 已计划	3 正推进	4 有时做	5 总是很好
(13) 公司目前的工作流程如果是面向员工的（如费用报销流程、办公计算机领用流程等），能根据员工满意度进行不断的优化和改善，相关业务改进和提升的需求被提交或者反映到相关管理部门后，可以预期办理结束时间					
(14) 公司目前的工作流程如果涉及审批，审批权责清晰，能在流程要求的时间内审批完成，审批过程会在计算机系统中操作，从而留下痕迹					
(15) 公司目前不但打通了一些部门间的流程，而且强调公司级流程的打通，如产研供销品的一体化、从订单到付款、从销售机会到付款等，会定期研究和优化这些跨多个部门的大流程					
(16) 熟知并使用过的业务优化和改进管理工具多于1种					
(17) 了解公司近两年要优化哪些业务流程					
(18) 公司注重知识和经验分享，有专门的制度鼓励知识管理、经验分享，有简便的IT工具支持知识和经验的分享					
(19) 一入职就可以找到所在岗位的前任同事留下的工作文档，公司也会对我的工作提供标准化模板的培训，而不是个人从头摸索					
(20) 在日常工作中，有业务改进和提升的需要时，有专职部门向大家定期主动搜集和统筹需求，这些部门和岗位的人员是专业的，而且有途径不断提高自己的专业能力					

表4　IT支撑

IT支撑	1 无	2 已计划	3 正推进	4 有时做	5 总是很好
(1) 公司对信息化未来3~5年的发展有清晰的规划					
(2) 公司上下普遍认为信息化能支撑战略执行、管理和推动业务创新					
(3) 高层领导高度支持信息化建设，当信息化建设遭遇阻力时，能牵头负责解决，并调用充足的资源支持					

续表

IT 支撑	1 无	2 已计划	3 正推进	4 有时做	5 总是很好
(4) 业务部门和员工对信息化建设能提出清晰的需求，同时不依赖于用 IT 系统解决所有问题，能积极配合管理模式和业务流程的配套改进工作，以保证需求落地					
(5) 公司的 IT 规划是在与业务部门达成共识的基础上进行的					
(6) 对现有信息系统如何升级和改善已经制订了明晰的工作计划，能分析清楚这些改善带来的价值，以及这些价值和投入成本之间的关系					
(7) 一些 IT 人员经常和管理改进小组、流程优化小组一起工作，参加这些工作的 IT 人员具有复合型的技能结构，即懂业务、懂管理、懂 IT					
(8) 公司各部门间信息共享及时，很多信息共享是通过 IT 系统实现的，而不是通过手工报表的多次填报实现的					
(9) 公司各部门间要求的报表表单经过审慎研究、优化和设计，以求简洁、科学，而不是报表表单满天飞，任何部门都可以随意要求其他部门提交一份粗糙的报表表单					
(10) 在现有的信息系统中，业务相关的主数据（比如，客户、供应商、物料、BOM 等）的数据质量高，管理规范，定期进行数据更新					
(11) 可以信赖信息系统提供的数据					
(12) 信息系统的数据不仅是原始数据，还能为流程持续改进提供优化数据，为企业的决策分析提供有效支持					
(13) IT 部门定位清晰，IT 部门的人员能感受到自己的工作对公司战略达成的贡献，具有成就感					
(14) IT 部门负责人参与公司的一些重要会议，及时了解公司的战略目标和重大举措，从而及时启动信息化支撑工作					
(15) 公司已颁布信息化建设和运行的各种制度和规范（如需求变更处理流程、员工服务台 Help Desk），并得到执行					
(16) IT 部门的组织结构、岗位设置和人员能力，与公司对信息化建设的期望匹配					

续表

IT 支撑	1 无	2 已计划	3 正推进	4 有时做	5 总是很好
(17) 对 IT 项目的管理水平高，从组织、控制、计划到协调，使 IT 项目能如期保质完成					
(18) 对 IT 硬件、软件合作伙伴的管理水平高，从选择到协同，有时候会引入专业的信息化监理机构，帮助达成与 IT 合伙伙伴的双赢合作					
(19) IT 部门清楚自己的年度工作目标、工作计划，这些目标和计划不会被随意调整，如的确有必要调整，IT 人员的建议得到尊重和考虑					
(20) IT 部门人员清楚自己的职业发展通道，有转岗到业务类岗位的可能，已经制订了能力素质模型和能力提升计划					

表 5　协调和持续改进

协调和持续改进	1 无	2 已计划	3 正推进	4 有时做	5 总是很好
(1) 公司领导重视整个运作体系的协调和持续改进工作，支持并参与从战略到执行落地的工作，而不是只提出战略目标后抱怨下属的执行力不强					
(2) 有专门的部门和岗位致力于研究组织结构、绩效指标、管控授权、流程制度、IT 工具之间是否配称					
(3) 公司已经形成一种氛围，即重视组织能力、系统级的能力，而不仅仅是个人能力，普遍不相信依靠个人英雄可以带来持续增长					
(4) 在战略执行保障管理方面，各组织层级建立了战略执行回顾机制（如回顾会议、回顾报告等），进行纠偏和持续改进					
(5) 实施改进计划时，管理层都表现出一致的改进决心，并落实到可操作的改进计划上，参与改进的各部门在过去重大改革中展现了应有的能力，如期完成改进工作					
(6) 管理层不仅鼓励创新的想法，还提倡“立即行动、持续改进”的作风，公开表扬提出建设性建议并落地的人					

续表

协调和持续改进	1 无	2 已计划	3 正推进	4 有时做	5 总是很好
(7) 如果有需要，我愿意对自己的职能和责任做出新的定义，以应对发生的变化					
(8) 公司各层重视闭环管理，即有计划、有实施、有评估、有改进，评估和改进有定期会议及具体模板					
(9) 公司通过定期的会议和报表开展经营分析管理工作，为了避免报表满天飞，有人专门负责报表的简化、会议效率的改进工作					
(10) 公司具有专门负责审计和内控的部门或岗位，确保战略执行的行动、数据、业绩是真实的					
(11) 公司拥有完备的企业风险管理体系，敏感识别战略执行过程中的各种风险，并及时采取措施处理风险					
(12) 公司持续关注所在产业和行业的动态发展，明确行业内的主要竞争对手，有定期的成文的“行业动态分析和竞争对手跟踪研究报告”					
(13) 企业持续关注不断变化的政策环境，有群体研讨和决策的机制（如总裁办公会、顾问智囊团等）用于制订对策并达成共识，而不是个人独自做出判断					
(14) 公司核心能力和核心业务逐步聚焦的同时，会将一些支撑工作，如招聘、IT 运维、信息系统建设等外包给专业服务公司					
(15) 公司领导会把务虚研讨会和务实工作会适当分离，避免一个会议中包括各种混杂的议题，在务虚研讨会中搜集开放性的思考策略，在务实工作会中强调刚性执行					
(16) 公司高层和中层经理至少每季度有一次集体学习和研讨，普遍意识到自己的转变和提升是必须的，否则会影响公司战略目标的实现					
(17) 公司高层和中层经理既了解各种现代化管理手段，又不盲目引入各种名词和概念，强调对企业的适用和落地					
(18) 公司具有和外部咨询机构成功合作的经验，能够积极投入和外部专业结构的合作，而不是“交钥匙工程”					

续表

协调和持续改进	1无	2已计划	3正推进	4有时做	5总是很好
(19) 能够鼓励公司各级员工“拥抱变化”，各级经理已经参加了相应的培训，具备足够的技能和方法在变革和转型中向下属传播变革、引导变革、凝聚士气，避免变革带来的士气低落和动荡离职					
(20) 公司的使命、愿景和战略目标令全体员工振奋和向往，从高层到各级经理都重视战略落地的能力，致力于构建一个稳定的、可积累的架构，通过系统能力而非个人执行力实现公司战略					

有关测评分析

(1) 如果你想快速了解本企业的战略落地能力，可以数一数刚才打5分的项目多少个，如果是100个，则是100分，如果是50个，则是50分。当然，这是一种简便分析的方法。

(2) 您也可以将企业自评结果提交给AMT研究院，AMT咨询 http://www.amt.com.cn 将会进行全面、深入的分析，并就如何有序、有效提高企业的战略落地能力提出改进建议。AMT研究院的邮箱地址：amtresearch@amt.com.cn。

附录2　成长型企业年度经营计划模板

填报说明如表6所示。

内容说明：主要介绍经营计划的编制方法及时间安排。

表6　填报说明

编制说明
经营计划编制是公司战略落地的重要一环。各部门将公司经营目标、战略分解为部门经营目标、策略，最终落实到具体岗位的重点工作。可以确保公司上下目标一致，跨部门紧密协同，将战略转化为行动，进而将行动转化为期望的结果。请各部门严格按照以下发模板执行。 · 计划的制订，均必须采用小组计划方式完成，每个小组至少3人以上，列出小组成员名单 · 确定组长：原则上，领导应该是计划小组的组长，组员是本计划的执行者 · 会议前，组长需要布置准备功课给全体组员 · 会议开始，组长介绍标准计划过程，让每个参与者都了解或重温小组计划过程 · 组长带领整个小组从目的目标（远景和使命）开始，引领小组成员参与讨论，最终完成计划 · 计划的制订，重点是过程的表述，如策略，必须明确为什么要用该策略，总结出要点；重点工作必须要有得到重点工作列表的过程 · 在计划制订的过程中，注意多运用分析工具，分析要从客户和市场的角度出发，不只是从自己的角度出发 · 整个计划要注意整体的逻辑性，从工作回顾到目标的制订，策略、重点工作都必须环环相扣 · 部门预算：本次的预算由财务中心提供 · 验收标准：组长对计划做15分钟概要简述，解释本计划的重点 · 完成后，组长需要面见总裁组成员检讨和验收 · 公司将各部门领导按规范做计划的能力作为重要的能力评估标准
时间安排
为保证经营计划制订效果，建议各业务部门以共同讨论的方式进行编制，AMT咨询顾问参与讨论 （1）2013年10月1日，由经营计划小组组织《如何编制部门经营计划》的培训 （2）2013年10月2日－10月24日，分业务领域召开战略研讨会 （3）2013年10月25日，经营计划小组发布公司OGSM

续表

时间安排
(4) 2013 年 10 月 25 - 11 月 25 日，各部门成立小组制订部门经营计划 (5) 2013 年 11 月 26 - 11 月 28 日，召开经营计划质询会 (6) 2013 年 11 月 28 日 - 12 月 15 日，各部门完善经营计划 (7) 2013 年 12 月 16 - 12 月 17 日，经营计划质询会 (8) 2013 年 12 月 18 - 12 月 25 日，各部门完善经营计划 (9) 2013 年 12 月 28 日，公司批准发布

公司 OGSM：××××年公司整体经营目标及策略，如表 7 所示。

内容说明：通过战略研讨会，公司制订整体经营目标和核心策略，这是各部门制订经营计划的起点和重要输入。

表 7　公司 OGSM：××××年公司整体经营目标及策略

公司整体目标			1. 销售收入__亿元，其中，国内营销__亿元，国际营销__亿元 2. 利润总额__亿元		
NO.	O（目的）	G（目标）	S（策略）	M（衡量指标）	责任副总/部门

部门定位如表 8 所示。

内容说明：对本部门未来 3 年的远景、使命和目标进行规划。远景是指未来 3 年想成为什么，使命是指未来 3 年的业务是什么，具体到客户（who），产品 & 服务（what），技术、市场（where），员工、获利能力和方式（how）。

表 8　部门未来 3 年规划

部门未来 3 年规划
● 远景
● 使命
● 目标

去年部门目标、策略分析及工作回顾如表 9 所示。

内容说明：制订部门经营计划，首先应该对往年的工作目标、策略及重点工作进行回顾，好的策略继续保留，针对没有达到预期的策略，分析原因、制订下一步行动策略。这同样也是制订下一年度经营计划的重要输入。

表9 2013年部门目标、策略分析及工作回顾

NO.	O（目的）	G（目标）	S（策略）	M（衡量指标）	T（重点工作）	执行结果	策略检讨/下一步行动策略
1							
2							
3							
4							

SWOT分析如表10所示。

内容说明：这仅仅是一个常见的分析方法的示例，并非所有部门都需要，也不是所有分析只有 SWOT 分析一个工具。各部门要根据自身业务特点，使用一些分析工具，如 4P 等分析工具，最终目的是找差距并明确下一步行动策略。这同样也是制订下一年度经营计划的重要输入。

表 10　SWOT 分析

SWOT 分析		
内部能力 外部因素	优势（Strength）	劣势（Weakness）
机会（Opportunities）	SO 攻击策略	WO 补强策略
风险（Threats）	ST 防护策略	WT 退避策略

表 11 是部门 OGSM：部门目标及策略。

内容说明：基于上述表格分析，制订部门目标及明确核心策略和重点工作。需要注意的是，部门 OGSM 一定要完整承接公司及上级部门的 OGSM，另外针对本部门职责确定重点工作及项目工作。

表11　部门OGSM：部门目标及策略

来源	NO.	O（目的）	G（目标）	差距分析		S（策略）	M（衡量指标）	T（重点工作）	重要度	责任人	协作部门	完成时间
				存在的问题	原因分析							
公司OGSM												
部门职责及重点工作												

部门业务计划如表12所示。

内容说明：此表是《部门OGSM：部门目标及策略》的补充和

细化。

表 12　部门业务计划

部门业务计划
说明： · 本页是“××××年部门目标和策略”的详细业务计划表，不是每个部门的必填项 · 但业务部门是必填项，如营销部门，必须制订详细的产品规划、销售计划、渠道计划、客户开发与维护计划、促销计划、资金回笼计划等；生产部门必须制订详细的生产计划、产线规划、技改计划等 · 具体的业务计划表（往往是多张关联表）格式，每个公司根据自身经营特点制订

部门预算如表 13 所示。

内容说明：财务部门提供基础表格和前两年的实际数据，然后，各部门匹配财务预算支撑业务计划的落地。

表 13　部门预算

费用项目	前年实际数据	去年实际数据	××××年预算	备注
固定小计				
人力资源小计				

续表

费用项目	前年实际数据	去年实际数据	××××年预算	备注
变动费用小计				
其他费用小计				
总计				
编制人数				
实际人数				
人均费用				

部门组织架构及人力需求计划如表14所示。

内容说明：基于部门目标，各部门需要重新审视部门组织架构及职责是否需要调整，并编制人力需求计划。

表14 部门组织架构及人力需求计划

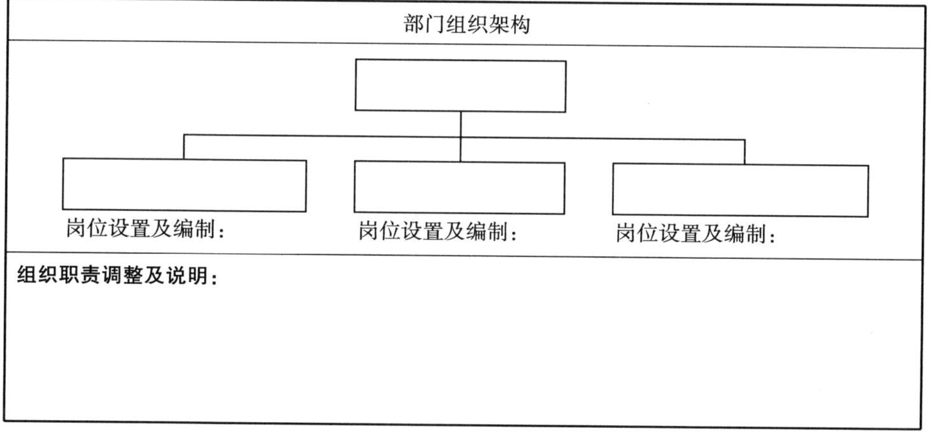

续表

××××年部门人力需求计划															
年月 人数 岗位	去年实际人数	每月人数/增加													备注
		1月	2月	3月	4月	5月	6月	7月	8月	9月	10月	11月	12月	月均人数	
合计															

部门重要会议时间表如表15所示。

内容说明：会议是经营计划落地的重要支撑手段，提前做好会议规划，有利于公司上下按达成共识的节奏开展工作，增强公司运营的计划性。

表15　部门重要会议时间表

会议概要							1月	2月	3月	4月	5月	6月	7月	8月	9月	10月	11月	12月
会议名称		形式	目的	时间	与会人员	内容												
公司层级	月度经营分析会	见面					👥	👥	👥	👥	👥	👥	👥	👥	👥	👥	👥	👥
	绩效面谈评估会						👥			👥			👥			👥		
	季度见面会						👥			👥			👥			👥		

续表

<table>
<tr><th colspan="7">会议概要</th><th rowspan="2">1月</th><th rowspan="2">2月</th><th rowspan="2">3月</th><th rowspan="2">4月</th><th rowspan="2">5月</th><th rowspan="2">6月</th><th rowspan="2">7月</th><th rowspan="2">8月</th><th rowspan="2">9月</th><th rowspan="2">10月</th><th rowspan="2">11月</th><th rowspan="2">12月</th></tr>
<tr><th colspan="2">会议名称</th><th>形式</th><th>目的</th><th>时间</th><th>与会人员</th><th>内容</th></tr>
<tr><td>公司层级</td><td>红灯会</td><td>见面</td><td>短期数字的补救措施</td><td>每个月</td><td>执委会成员、连续两个月不达标的业务单位总监和经理、发展战略部总监及计划管理员</td><td>业绩回顾具体格式及要求参照红灯会报告模板</td><td>★</td><td>★</td><td>★</td><td>★</td><td>★</td><td>★</td><td>★</td><td>★</td><td>★</td><td>★</td><td>★</td><td>★</td></tr>
<tr><td rowspan="4">部门层级</td><td></td><td></td><td></td><td></td><td></td><td></td><td></td><td></td><td></td><td></td><td></td><td></td><td></td><td></td><td></td><td></td><td></td><td></td></tr>
<tr><td></td><td></td><td></td><td></td><td></td><td></td><td></td><td></td><td></td><td></td><td></td><td></td><td></td><td></td><td></td><td></td><td></td><td></td></tr>
<tr><td></td><td></td><td></td><td></td><td></td><td></td><td></td><td></td><td></td><td></td><td></td><td></td><td></td><td></td><td></td><td></td><td></td><td></td></tr>
<tr><td></td><td></td><td></td><td></td><td></td><td></td><td></td><td></td><td></td><td></td><td></td><td></td><td></td><td></td><td></td><td></td><td></td><td></td></tr>
</table>

附录 3　成长型企业运营计划一表通模板

成长型企业运营计划一表通模板如表 16、表 17、表 18 所示。

表 16　上级部门的策略及季度重点工作计划

<table>
<tr><th colspan="5">年度策略及重点工作</th><th colspan="6">Q1 重点工作</th></tr>
<tr><th>目标</th><th>策略序号</th><th>策略描述</th><th colspan="2">重点工作</th><th>重点工作的验收标准</th><th>责任人</th><th>工作内容</th><th>所需资源</th><th>时间限制</th><th>完成标准</th></tr>
<tr><td rowspan="18"></td><td rowspan="15"></td><td rowspan="15"></td><td rowspan="3"></td><td rowspan="3"></td><td rowspan="3"></td><td></td><td></td><td></td><td></td><td></td></tr>
<tr><td></td><td></td><td></td><td></td><td></td></tr>
<tr><td></td><td></td><td></td><td></td><td></td></tr>
<tr><td rowspan="3"></td><td rowspan="3"></td><td rowspan="3"></td><td></td><td></td><td></td><td></td><td></td></tr>
<tr><td></td><td></td><td></td><td></td><td></td></tr>
<tr><td></td><td></td><td></td><td></td><td></td></tr>
<tr><td rowspan="3"></td><td rowspan="3"></td><td rowspan="3"></td><td></td><td></td><td></td><td></td><td></td></tr>
<tr><td></td><td></td><td></td><td></td><td></td></tr>
<tr><td></td><td></td><td></td><td></td><td></td></tr>
<tr><td rowspan="3"></td><td rowspan="3"></td><td rowspan="3"></td><td></td><td></td><td></td><td></td><td></td></tr>
<tr><td></td><td></td><td></td><td></td><td></td></tr>
<tr><td></td><td></td><td></td><td></td><td></td></tr>
<tr><td rowspan="3"></td><td rowspan="3"></td><td rowspan="3"></td><td></td><td></td><td></td><td></td><td></td></tr>
<tr><td></td><td></td><td></td><td></td><td></td></tr>
<tr><td></td><td></td><td></td><td></td><td></td></tr>
<tr><td rowspan="3"></td><td rowspan="3"></td><td rowspan="3"></td><td rowspan="3"></td><td rowspan="3"></td><td></td><td></td><td></td><td></td><td></td></tr>
<tr><td></td><td></td><td></td><td></td><td></td></tr>
<tr><td></td><td></td><td></td><td></td><td></td></tr>
</table>

续表

年度策略及重点工作					Q1 重点工作					
目标	策略序号	策略描述	重点工作		重点工作的验收标准	责任人	工作内容	所需资源	时间限制	完成标准

表 17 本部门策略及季度重点工作计划

策略及重点工作						Q1								
目标	策略序号	策略描述	年度重点工作		重点工作的验收标准	季度工作序号	季度重点工作计划		完成标准	责任人/完成时间	完成情况	存在问题及改善策略	月度工作是否达成目标 填写：完成/未完成/没做		
							本部门工作计划	需要其他部门支持的工作和负责部门					1 月	2 月	3 月
	A		A1	编写要求：要完成年度策略，必须要解决的几个关键点	编写要求：要描述重点工作要达到什么样的结果，包含质和量的要求	A1. 1	编写要求：要包含 what-做什么，how-怎样做	编写要求：要清楚填写需要支持的工作内容和所负责的部门。在填写前应该先和负责部门做沟通工作	编写要求：要描述重点工作要达到怎么样的结果，包含质和量要求	编写要求：责任人只能有 1 个，但可以有 AB 角；完成时间至少要精确到周		编写要求：针对完成情况总结时提出的存在问题和改善策略	编写要求：1. 如果是持续性工作，完成月度工作目标的就算完成 2. 如果该月没有安排相关工作则不需要填写		

续表

策略及重点工作：目标	策略序号	策略描述	年度重点工作	重点工作的验收标准	Q1：季度工作序号	季度重点工作计划：本部门工作计划	季度重点工作计划：需要其他部门支持的工作和负责部门	完成标准	责任人/完成时间	完成情况	存在问题及改善策略	月度工作是否达成目标（填写：完成/未完成/没做）1月	2月	3月
	A				A1. 2									
			A2		A2. 1									
					A2. 2									
			A3		A3. 1									
					A3. 2									
	B		B1		B1. 1									
					B1. 2									
			B2		B2. 1									
					B2. 2									

续表

策略及重点工作						Q1								
目标	策略序号	策略描述	年度重点工作		重点工作的验收标准	季度工作序号	季度重点工作计划		完成标准	责任人/完成时间	完成情况	存在问题及改善策略	月度工作是否达成目标 填写：完成/未完成/没做		
							本部门工作计划	需要其他部门支持的工作和负责部门					1月	2月	3月
			B3			B3.1									
						B3.2									
	C		C1			C1.1									
						C1.2									
			C2			C2.1									
						C2.2									
			C3			C3.1									
						C3.2									
	D		D1			D1.1									
						D1.2									
			D2			D2.1									
						D2.2									

表18　本部门月度重点工作计划与总结

1月									
分类	季度工作的序号	季度重点工作	月度重点工作计划		完成标准	责任人/完成时间	完成情况		存在问题及改善策略
			本部门计划	需要其他部门支持的工作/负责部门			填写：完成/未完成/没做	具体完成情况	
重点工作	如A1.2			编写要求：要清楚填写需要支持的工作内容和所负责的部门，在填写前应该先和负责部门做好沟通工作	编写要求：重点工作要取得什么样的结果，包含质和量的描述		需要持续完成的工作，达成月度目标的为完成		编写要求：针对完成情况总结时提出的存在问题和改善策略
项目工作	1								
	2								
	3								

续表

<table>
<tr><td colspan="10">1 月</td></tr>
<tr><td rowspan="2">分类</td><td rowspan="2">季度工作的序号</td><td rowspan="2">季度重点工作</td><td colspan="2">月度重点工作计划</td><td rowspan="2">完成标准</td><td rowspan="2">责任人/完成时间</td><td colspan="2">完成情况</td><td rowspan="2">存在问题及改善策略</td></tr>
<tr><td>本部门计划</td><td>需要其他部门支持的工作/负责部门</td><td>填写：完成/未完成/没做</td><td>具体完成情况</td></tr>
<tr><td colspan="2" rowspan="5">日常重点工作</td><td rowspan="5"></td><td></td><td></td><td></td><td></td><td></td><td></td><td></td></tr>
<tr><td></td><td></td><td></td><td></td><td></td><td></td><td></td></tr>
<tr><td></td><td></td><td></td><td></td><td></td><td></td><td></td></tr>
<tr><td></td><td></td><td></td><td></td><td></td><td></td><td></td></tr>
<tr><td></td><td></td><td></td><td></td><td></td><td></td><td></td></tr>
<tr><td colspan="10">2 月</td></tr>
<tr><td rowspan="2">分类</td><td rowspan="2">季度工作的序号</td><td rowspan="2">季度重点工作</td><td colspan="2">月度重点工作计划</td><td rowspan="2">完成标准</td><td rowspan="2">责任人/完成时间</td><td colspan="2">完成情况</td><td rowspan="2">存在问题及改善策略</td></tr>
<tr><td>本部门计划</td><td>需要其他部门支持的工作/负责部门</td><td>填写：完成/未完成/没做</td><td>具体完成情况</td></tr>
<tr><td rowspan="8">重点工作</td><td></td><td></td><td></td><td></td><td></td><td></td><td></td><td></td><td></td></tr>
<tr><td></td><td></td><td></td><td></td><td></td><td></td><td></td><td></td><td></td></tr>
<tr><td></td><td></td><td></td><td></td><td></td><td></td><td></td><td></td><td></td></tr>
<tr><td></td><td></td><td></td><td></td><td></td><td></td><td></td><td></td><td></td></tr>
<tr><td></td><td></td><td></td><td></td><td></td><td></td><td></td><td></td><td></td></tr>
<tr><td></td><td></td><td></td><td></td><td></td><td></td><td></td><td></td><td></td></tr>
<tr><td></td><td></td><td></td><td></td><td></td><td></td><td></td><td></td><td></td></tr>
<tr><td></td><td></td><td></td><td></td><td></td><td></td><td></td><td></td><td></td></tr>
</table>

续表

<table>
<tr><th colspan="10">2月</th></tr>
<tr><th rowspan="2">分类</th><th rowspan="2">季度工作的序号</th><th rowspan="2">季度重点工作</th><th colspan="2">月度重点工作计划</th><th rowspan="2">完成标准</th><th rowspan="2">责任人/完成时间</th><th colspan="2">完成情况</th><th rowspan="2">存在问题及改善策略</th></tr>
<tr><th>本部门计划</th><th>需要其他部门支持的工作/负责部门</th><th>填写：完成/未完成/没做</th><th>具体完成情况</th></tr>
<tr><td rowspan="3">项目工作</td><td>1</td><td></td><td></td><td></td><td></td><td></td><td></td><td></td><td></td></tr>
<tr><td>2</td><td></td><td></td><td></td><td></td><td></td><td></td><td></td><td></td></tr>
<tr><td>3</td><td></td><td></td><td></td><td></td><td></td><td></td><td></td><td></td></tr>
<tr><td colspan="2" rowspan="5">日常重点工作</td><td rowspan="5"></td><td></td><td></td><td></td><td></td><td></td><td></td><td></td></tr>
<tr><td></td><td></td><td></td><td></td><td></td><td></td><td></td></tr>
<tr><td></td><td></td><td></td><td></td><td></td><td></td><td></td></tr>
<tr><td></td><td></td><td></td><td></td><td></td><td></td><td></td></tr>
<tr><td></td><td></td><td></td><td></td><td></td><td></td><td></td></tr>
</table>

说明：快速成长型企业刚导入运营计划一表通时，计划编制的颗粒度可以做到月计划，随着管理的精细化和计划能力的提升，可以逐步细化到周计划，甚至日计划。

附录 4　成长型企业经营分析报告模板

再起飞公司
营销中心月度经营分析报告
（××××年××月）

说明：

■ 考虑到各企业特性的差异，本模板仅提供基本框架

■ 成长型企业应该在此基础上，由计划管理部门与业务部门一起讨论制订更具体（甚至具体到各专业常见的分析结构及常见经营指标的数据和图表分析方法）的模板，确保经营分析硬结构，并根据企业经营分析能力现状，辅以相关培训课程

目　录

■ 本月部门整体运营完成情况回顾
■ 本月部门各项运营指标及重点工作分析
■ 下月工作计划

1. 本月部门整体运营完成情况回顾

类别	序号	What 工作内容	Who 负责人	When 完成时间	How much 完成标准	完成情况
核心运营指标	1	销售完成率				
	2	新产品销售完成率				
	3	库存周转率				
	4	资金回笼率				
	5	……				
	6					
其他重点工作	1					
	2					
	3					

说明：本表内容必须与年度经营计划及月度计划保持一致，并包含本部门的核心职能及重点工作

2.1　本月部门运营指标分析

■ 核心指标：

数据图表分析：
内容填写说明：
(1) 从渠道、品类、部门、新产品、客户等多个角度进行数据的环比同比分析，并与目标做对比
(2) 通过折线图、饼图等图表直观展示数据逻辑
(3) 数据异常点要标红注明、说明

问题分析及下一步行动举措。
内容填写说明：要聚集关键问题进行分析：下一步行动举措最终要落实到下月计划中

2.2　本月部门重点工作分析

■ 重点工作：

内容填写说明：工作计划及内容、工作目标、本月工作进度及取得成果、遇到问题、下一步行动策略和具体工作计划

3. 下月工作计划

类别	序号	What 工作内容	Who 负责人	When 完成时间	How much 完成标准
核心运营指标	1	销售完成率			
	2	新产品销售完成率			
	3	库存周转率			
	4	资金回笼率			
	5	……			
	6				
其他重点工作	1				
	2				
	3				

说明：本表内容必须与年度经营计划及月度计划保持一致，并包含本部门的核心职能及重点工作

2014 新书预告

实体店销量下滑、线上线下冲突不断,互联网、大数据、OTO……市场一线的压力让企业痛苦,扑面而来的新名词、新玩法又让企业焦虑甚至恐惧。

谁都不想成为恐龙,怎么办? 希望 2014 年陆续推出的"变局""互联网转型"系列丛书,能帮助企业看清方向,心中有数!

"变局"系列丛书

- 《变局下的**营销模式**升级》程绍珊　叶宁著

营销模式怎么变,无外乎三种方式:客户驱动模式、技术驱动模式、资源驱动模式!

- 《变局下的**白酒**企业重构》杨永华著

白酒行业从扩容式增长——"你增长,我也增长",变成竞争式增长——"你死我活",产业整合大势中,谁能活下来? 需要哪些条件? 怎样才能做到?

- 《变局下的**快消品**营销实战策略》杨永华著

通胀了,成本增加,涨价也不是长久办法,如何从一招一式的被迫应战变成心中有数的"系统战"?

- 《变局下的**工业品**企业 7 大机遇》叶敦明著

产业链条的整合机会、盈利模式的复制机会、营销红利的机会、工业服务商转型机会、渠道的合纵连横机会、借船出海的资本机会、电商机会……

- 《变局下的**农牧**企业 9 大成长策略》彭志雄著

食品安全、纵向延伸、横向联合、品牌建设……是挑战,又都是机遇!

- 《变局下的……》敬请关注

"互联网转型"系列丛书

- 《重生战略:移动互联网和大数据时代的转型法则》沈拓著

传统企业在移动互联网时代的 4 种转型重生战略:价值重塑、深度支持、组织解放、生态基石。

- 《互联网思维下的企业战略转型》李蓓著

本书阐述了传统企业在互联网思维下的战略转型之路:重新定义产品——重新寻找客户——重新发现价值。

BRAGE 北京博瑞森图书 图书导读

为了帮助读者更快、更方便地找到自己需要的书，让书发挥最大价值，我们精心制作了这份导读，希望对大家有所帮助！

博瑞森的书，最适合谁来读？

经营者（老板、总经理、董事长、企业家、合伙人、厂长等）和**管理者**（企业高层、中层和部分基层管理者）以及企业的**骨干员工**（思考如何为企业创造更大的价值），你就是我们的读者，共同的战友！

因为我们相信，你就是影响企业发展大局的关键人物，影响你，帮助你，和你共同学习成长，就是和中国企业一起成长！

博瑞森的书，最大特点？

我们坚持“企业阅读，本土实践”的出版理念，要对企业实践产生实实在在的作用。

“本土”——理论和思想可以来自古今中外，但一定要适应本土；

“实战”——作者都是从企业、市场中摸爬滚打出来的，实战性是渗到骨子里的；

博瑞森的书，怎样“读”，作用好？

免费电子版，手机随时“读”

我们**90%**的书都提供**免费**的**全文电子版**，下载到手机（或 Pad、电脑）里，让惜时如金的你，获得最大程度的阅读自由！

操作方法：回复图书编号（图书定价左侧提示框内的 4 位数字）和你的邮箱地址到手机 13611149991，2 个工作日内即可在邮箱收到图书的全文电子版。

QQ 群，读者间讨论着“读”

加入“**博瑞森读者群（202230847、190415943）**”的 QQ 讨论群，你的困惑、感受和读者、作者随时深入讨论！

操作方法：入群口令为“图书名称 + 手机号”。提个醒，群里有事说事，别乱发广告、搞笑段子，会被踢的。

微信、书摘邮件，天天点滴“读”

“书太厚，不容易读”——我们通过微信公号（bookgood2005）和你的个人邮箱，提供精品书摘，便于精华快速地吸收。

操作方法:扫一扫 

分类导读图 + 书目

行业类：零售、白酒、食品/快消品、农业、医药、建材家居			
	书名．作者	内容/特色	读者价值
零售·餐饮	**涨价也能卖到翻** 村松达夫 【日】	提升客单价的15种实用、有效的方法	日本企业在这方面非常值得学习和借鉴
	1. 总部有多强大,门店就能走多远 **2. 超市卖场定价策略与品类管理** **3. 连锁零售企业招聘与培训破解之道** **4. 中国首家未来超市:解密安徽乐城** IBMG国际商业管理集团 著	国内外标杆企业的经验+本土实践量化数据+操作步骤、方法	通俗易懂,行业经验丰富,宝贵的行业量化数据,关键思路和步骤
	零售:把客流变成购买力 丁 昀 著	如何通过不断升级产品和体验式服务来经营客流	如何进行体验营销,国外的好经营,这方面有启发
	餐饮企业经营策略第一书 吴 坚 著	分别从产品、顾客、市场、盈利模式等几个方面,对现阶段餐饮企业的发展提出策略和思路	第一本专业的、高端的餐饮企业经营指导书
白酒	**变局下的白酒企业重构** 杨永华 郭 旭 著	帮助白酒企业从产业视角看清趋势,找准位置,实现弯道超车的书	行业内企业要减少90%,自己在什么位置,怎么做,都清楚了
	1. 白酒营销的第一本书 **2. 白酒经销商的第一本书** 唐江华 著	华泽集团湖南开口笑公司品牌部长,擅长酒类新品推广、新市场拓展	扎根一线,实战
	区域型白酒企业营销必胜法则 朱志明 著	为区域型白酒企业提供35条必胜法则,在竞争中赢销的葵花宝典	丰富的一线经验和深厚积累,实操实用
快消品·食品	**乳业营销第一书** 侯军伟 著	对区域乳品企业生存发展关键性问题的梳理	唯一的区域乳业营销书,区域乳品企业一定要看
	食用油营销第一书 余 盛 著	10多年油脂企业工作经验,从行业到具体实操	食用油行业第一书,当之无愧
	中国茶叶营销第一书 柏 龑 著	如何跳出茶行业"大文化小产业"的困境,作者给出了自己的观察和思考	不是传统做茶的思路,而是现在商业做茶的思路
	变局下的快消品营销实战策略 杨永华 著	通胀了,成本增加,如何从被动应战变成主动的"系统战"	作者对快消品行业非常熟悉、非常实战
	调味品营销第一书 陈小龙 著	国内唯一一本调味品营销的书	唯一的调味品营销的书,调味品的从业者一定要看
	快消品营销:一位销售经理的工作心得2 蒋 军 著	快消品、食品饮料营销的经验之谈,重点突出	来源于实战的精华总结
	快消品营销与渠道管理 谭长春 著	将快消品标杆企业渠道管理的经验和方法分享出来	可口可乐、华润的一些具体的渠道管理经验,实战
	成为优秀的快消品区域经理 伯建新 著	37个"怎么办"分析区域经理的工作关键点	可以作为区域经理的'速成催化器'
	销售轨迹:一位快消品营销总监的拼搏之路 秦国伟 著	本书讲述了一个普通销售员打拼成为跨国企业营销总监的真实奋斗历程	激励人心,给广大销售员以力量和鼓舞
农业	**农资营销实战全指导** 张 博 著	农资如何向"深度营销"转型,从理论到实践进行系统剖析,经验资深	朴实、使用!不可多得的农资营销实战指导
	农产品营销第一书 胡浪球 著	从农业企业战略到市场开拓、营销、品牌、模式等	来源于实践中的思考,有启发
	变局下的农牧企业9大成长策略 彭志雄 著	食品安全、纵向延伸、横向联合、品牌建设……	唯一的农牧企业经营实操的书,农牧企业一定要看
医药	**新医改下医药营销与团队管理** 史立臣 著	探讨新医改对医药行业的系列影响和医药团队管理	帮助理清思路,有一个框架
	医药营销与处方药学术推广 马宝琳 著	如何用医学策划把"平民产品"变成"明星产品"	有真货、讲真话的作者,堪称处方药营销的经典!
	新医改了,药店就要这样开 尚 锋 著	药店经营、管理、营销全攻略	有很强的实战性和可操作性
	OTC医药代表药店开发与维护 鄢圣安 著	要做到一名专业的医药代表,需要做什么、准备什么、知识储备、操作技巧等	医药代表药店拜访的指导手册,手把手教你快速上手

续表

建材家居	**建材家居营销实务** 程绍珊　杨鸿贵　主编	价值营销运用到建材家居，每一步都让客户增值	有自己的系统、实战
	建材家居门店销量提升 贾同领　著	店面选址、广告投放、推广助销、空间布局、生动展示、店面运营等	门店销量提升是一个系统工程，非常系统、实战
	10 步成为最棒的建材家居门店店长 徐伟泽　著	实际方法易学易用，让员工能够迅速成长，成为独当一面的好店长	只要坚持这样干，一定能成为好店长
	手把手帮建材家居导购业绩倍增：成为顶尖的门店店员 熊亚柱　著	生动的表现形式，让普通人也能成为优秀的导购员，让门店业绩长红	读着有趣，用着简单，一本在手、业绩无忧
工业品	**解决方案营销实战案例** 刘祖轲　著	用 10 个真案例讲明白什么是工业品的解决方案式营销，实战、实用	有干货、真正操作过的才能写得出来
	变局下的工业品企业 7 大机遇 叶敦明　著	产业链条的整合机会、盈利模式的复制机会、营销红利的机会、工业服务商转型机会……	工业品企业还可以这样做，思维大突破
	工业品市场部实战全指导 杜　忠　著	工业品市场部经理工作内容全指导	系统、全面、有理论、有方法，帮助工业品市场部经理更快提升专业能力
金融	**交易心理分析** （美）马克·道格拉斯　著 刘真如　译	作者一语道破赢家的思考方式，并提供了具体的训练方法	不论你是初入股市的新手，或是股票买卖的老手，如果你想在股市中持续一贯地获利，你都应该读一读这本关于股票交易心理学的书，它会让你超脱输家轮回、晋身市场赢家
	精品银行管理之道 崔海鹏　何屹　主编	中小银行转型的实战经验总结	中小银行的教材很多，实战类的书很少，可以看看
	支付战争 Eric M. Jackson 著 徐　彬　王　晓　译	paypal 创业期营销官根据自己的亲身经历，讲述 paypal 从诞生到壮大到成功出售的整个历史过程	激烈、有趣的内幕商战故事！了解美国支付市场的风云巨变
服装	**赚不赚钱靠店长：从懂管理到会经营** 孙彩军　著	通过生动的案例来进行剖析，注重门店管理细节方面的能力提升	帮助终端门店店长在管理门店的过程中实现经营思路的拓展与突破

经营类：企业如何赚钱，如何抓机会，如何突破，如何“开源”

	书名．作者	内容/特色	读者价值
抓方向	**让经营回归简单．升级版** 宋新宇　著	化繁为简抓住经营本质：战略、客户、产品、员工、成长	经典，做企业就这几个关键点！
	公司由小到大要过哪些坎 卢　强　著	老板手里的一张“企业成长路线图”	现在我在哪儿，未来还要走哪些路，都清楚了
	企业二次创业成功路线图 夏惊鸣　著	企业曾经抓住机会成功了，但下一步该怎么办？	企业怎样获得第二次成功，心里有个大框架了
	老板经理人双赢之道 陈　明　著	经理人怎养选平台、怎么开局，老板怎样选/育/用/留	老板生闷气，经理人牢骚大，这次知道该怎么办了
	企业文化的逻辑 王祥伍　黄健江　著	为什么企业绩效如此不同，解开绩效背后的文化密码	少有的深刻，有品质，读起来很流畅
	使命驱动企业成长 高可为　著	钱能让一个人今天努力，使命能让一群人长期努力	对于想做事业的人，‘使命’是绕不过去的
	公司大了怎么管：从靠英雄到靠组织 金国华　著	第一次详尽阐释中国快速成长型企业的特点、问题及解决之道	帮助快速成长型企业领导及管理团队理清思路，突破瓶颈
思维突破	**跳出同质思维，从跟随到领先** 郭　剑　著	66 个精彩案例剖析，帮助老板突破行业长期思维惯性	做企业竟然有这么多玩法，开眼界
	7 个转变，让公司 3 年胜出 李　蓓　著	消费者主权时代，企业该怎么办	这就是互联网思维，老板有能这样想，肯定倒不了
	麻烦就是需求　难题就是商机 卢根鑫　著	如何借助客户的眼睛发现商机	什么是真商机，怎么判断、怎么抓，有借鉴
	重生战略：移动互联网和大数据时代的转型法则 沈　拓　著	在移动互联网和大数据时代，传统企业转型如同生命体打碎与再造，称之为“重生战略”	帮助企业认清移动互联网环境下的变化和应对之道
	互联网思维下的企业战略转型 李　蓓　著	本书阐述了传统企业在互联网思维下的战略转型之路：重新定义产品——重新寻找客户——重新发现价值	利用互联网思维结合自己已有的竞争优势，你也可以创建一个有着无限成长空间的新企业

续表

管理类：效率如何提升，如何实现经营目标，如何“节流”			
	书名．作者	内容/特色	读者价值
通用管理	1. 让管理回归简单．升级版 2. 让经营回归简单．升级版 3. 让用人回归简单 宋新宇　著	宋博士的“简单”三部曲，影响20万读者，非常经典	被读者热情地称作“中小企业的管理圣经”
	边干边学做老板 黄中强　著	创业20多年的老板，有经验、能写、又愿意分享，这样的书很少	处处共鸣，帮助中小企业老板少走弯路
	阿米巴经营的中国模式 李志华　著	让员工从“要我干”到“我要干”，价值量化出来	阿米巴在企业如何落地，明白思路了
	欧博心法：好管理靠修行 曾　伟　著	用佛家的智慧，深刻剖析管理问题，见解独到	如果真的有‘中国式管理’，曾老师是其中标志性人物
	1. 用流程解放管理者 2. 用流程解放管理者2 张国祥　著	中小企业阅读的流程管理、企业规范化的书	通俗易懂，理论和实践的结合恰到好
	跟我们学建流程体系 陈立云　著	畅销书《跟我们学做流程管理》系列，更实操，更细致，更深入	更多地分享实践，分享感悟，分享从实践总结出来的方法论
人力资源	回归本源看绩效 孙　波　著	让绩效回顾“改进工具”的本源，真正为企业所用	确实是来源于实践的思考，有共鸣
	曹子祥教你做绩效管理 曹子祥　著	复杂的理论通俗化，专业的知识简单化，企业绩效管理共性问题的解决方案	轻松掌握绩效管理
	把招聘做到极致 远　鸣　著	作为世界500强高级招聘经理，作者数十年招聘经验的总结分享	带来职场思考境界的提升和具体招聘方法的学习
	走出薪酬管理误区 全怀周　著	剖析薪酬管理的8大误区，真正发挥好枢纽作用	值得企业深读的实用教案
	集团化人力资源管理实践 李小勇　著	对搭建集团化的企业很有帮助，务实，实用	最大的亮点不是理论，而是结合实际的深入剖析
	人才评价中心．超级漫画版 邢　雷　著	专业的主题，漫画的形式，只此一本	没想到一本专业的书，能写成这效果
	我的人力资源咨询笔记 张　伟　著	管理咨询师的视角，思考企业的HR管理	通过咨询师的眼睛对比很多企业，有启发
	本土化人力资源管理8大思维 周　剑　著	成熟HR理论，在本土中小企业实践中的探索和思考	对企业的现实困境有真切体会，有启发
企业文化	华夏基石方法：企业文化落地本土实践 王祥伍　谭俊峰　著	十年积累、原创方法、一线资料，和盘托出	在文化落地方面真正有洞察，有实操价值的书
	企业文化的逻辑 王祥伍　著	为什么企业之间如此不同，解开绩效背后的文化密码	少有的深刻，有品质，读起来很流畅
	企业文化激活沟通 宋杼宸　安琪　著	透过新任HR总经理的眼睛，揭示出沟通与企业文化的关系	有实际指导作用的文化落地读本
生产管理	高员工流失率下的精益生产 余伟辉　著	中国的精益生产必须面对和解决高员工流失率问题	确实来源于本土的工厂车间，很务实
	车间人员管理那些事儿 岑立聪　著	车间人员管理中处理各种“疑难杂症”的经验和方法	基层车间管理者最闹心、头疼的事，‘打包’解决
	1. 欧博心法：好管理靠修行 2. 欧博心法：好工厂这样管 曾　伟　著	他是本土最大的制造业管理咨询机构创始人，他从400多个项目、上万家企业实践中锤炼出的欧博心法	中小制造型企业，一定会有很强的共鸣

续表

生产管理	**欧博工厂案例1:生产计划管控对话录** **欧博工厂案例2:品质技术改善对话录** **欧博工厂案例3:员工执行力提升对话录** 曾 伟 著	最典型的问题、最详尽的解析,工厂管理9大问题27个经典案例	没想到说得这么细,超出想象,案例很典型,照搬都可以了
员工素质提升	**跟老板"偷师"学创业** 吴江萍 余晓雷 著	边学边干,边观察边成长,你也可以当老板	不同于其他类型的创业书,让你在工作中积累创业经验,一举成功
	销售轨迹:一位快消品营销总监的拼搏之路 秦国伟 著	本书讲述了一个普通销售员打拼成为跨国企业营销总监的真实奋斗历程	激励人心,给广大销售员以力量和鼓舞
	在组织中绽放自我:从专业化到职业化 朱仁健 王祥伍 著	个人如何融入组织,组织如何助力个人成长	帮助企业员工快速认同并投入到组织中去,为企业发展贡献力量
	企业员工弟子规:用心做小事,成就大事业 贾同领 著	从传统文化《弟子规》中学习企业中为人处事的办法,从自身做起	点滴小事,修养自身,从自身的改善得到事业的提升
营销类:把客户需求融入企业各环节,提供"客户认为"有价值的东西			
	书名.作者	内容/特色	读者价值
营销模式	**变局下的营销模式升级** 程绍珊 叶宁 著	客户驱动模式、技术驱动模式、资源驱动模式	很多行业的营销模式被颠覆,调整的思路有了!
	卖轮子 科克斯 【美】	小说版的营销学!营销核心理念巧妙贯穿其中,贵在既有趣,又有深度	经典、有趣!一个故事读懂营销精髓
	弱势品牌如何做营销 李政权 著	中小企业虽有品牌但没名气,营销照样能做的有声有色	没有丰富的实操经验,写不出这么具体、详实的案例和步骤,很有启发
	老板如何管营销 史贤龙 著	不要认为营销就是4个P、C、R的概念游戏,揭开营销智慧助力企业成功的内在奥秘	高段位营销16招,好学好用,老板能看,营销人也能看
	动销:产品是如何畅销起来的 吴江萍 余晓雷 著	真真切切告诉你,产品究竟怎么才能卖出去!突破产品滞销困局的实战宝典	击中痛点,提供方法,你值得拥有
组织和团队	**升级你的营销组织** 程绍珊 吴越舟 著	用"有机性"的营销组织力替代"营销能人",把营销团队变成"铁营盘"	营销队伍最难管,程老师不愧是营销第1操盘手,步骤、方法都很成熟
	用数字解放营销人 黄润霖 著	通过量化帮助营销人员提高工作效率	作者很用心,很好的常备工具书
	成为优秀的快消品区域经理 伯建新 著	37个"怎么办"分析区域经理的工作关键点	可以作为区域经理的'速成催化器'
	一位销售经理的工作心得 蒋 军 著	一线营销管理人员想提升业绩却无从下手时,可以看看这本书	一线的真实感悟
	快消品营销:一位销售经理的工作心得2 蒋 军 著	快消品、食品饮料营销的经验之谈,重点突出	来源于实战的精华总结
	销售轨迹:一位快消品营销总监的拼搏之路 秦国伟 著	本书讲述了一个普通销售员打拼成为跨国企业营销总监的真实奋斗历程	激励人心,给广大销售员以力量和鼓舞
案例	**解决方案营销实战案例** 刘祖轲 著	用10个真案例讲明白什么是工业品的解决方案式营销,实战、实用	有干货、真正操作过的才能写得出来
	我们的营销真案例 联纵智达研究院 著	五芳斋粽子从区域到全国/诺贝尔瓷砖门店销量提升/利豪家具出口转内销/汤臣倍健的营销模式/娃哈哈联销体	选择的案例都很有代表性,实在、实操!
	招招见销量的营销常识 刘文新 著	如何让每一个营销动作都直指销量	适合中小企业,看了就能用

续表

案例	**中国首家未来超市:解密安徽乐城** IBMG 国际商业管理集团　著	零售企业的未来在哪里？本书深入挖掘了安徽乐城超市的试验案例,为零售企业未来的发展提供了一条可借鉴之路	通俗易懂,行业经验丰富,宝贵的行业量化数据,关键思路和步骤
产品	**产品炼金术Ⅰ:如何打造畅销产品** 史贤龙　著	满足不同阶段、不同体量、不同行业企业对产品的完整需求	必须具备的思维和方法,避免在产品问题上走弯路
	产品炼金术Ⅱ:如何用产品驱动企业成长 史贤龙　著	做好产品、关注产品的品质,就是企业成功的第一步	必须具备的思维和方法,避免在产品问题上走弯路
	新产品开发管理,就用 IPD 郭富才　著	10 年 IPD 研发管理咨询总结,国内首部 IPD 专业著作	一本书掌握 IPD 管理精髓
品牌	**中小企业如何建品牌** 梁小平　著	中小企业建品牌的入门读本,通俗、易懂	对建品牌有了一个整体框架
	采纳方法:破解本土营销 8 大难题 朱玉童　编著	全面、系统、案例丰富、图文并茂	希望在品牌营销方面有所突破的人,应该看看
渠道通路	**快消品营销与渠道管理** 谭长春　著	将快消品标杆企业渠道管理的经验和方法分享出来	可口可乐、华润的一些具体的渠道管理经验,实战
	传统行业如何用网络拿订单 张　进　著	给老板看的第一本网络营销书	适合不懂网络技术的经营决策者看
	采纳方法:化解渠道冲突 朱玉童　编著	系统剖析渠道冲突,21 个最新的渠道冲突案例、情景式讲解,37 篇专题讲义	系统、全面
	学话术 卖产品 张小虎　著	分析常见的顾客异议,提出破解方案,将复杂的销售程序化,将优秀的话术模块化	让普通导购员也能成为销售精英